PROCÈS

DE

LA RELATION HISTORIQUE

Des Obsèques de M. MANUEL.

PARIS, IMPRIMERIE DE GAULTIER-LAGUIONIE,
HÔTEL DES FERMES.

PROCÈS

DE LA

RELATION HISTORIQUE

DES OBSÈQUES DE M. MANUEL.

Paris,

SAUTELET, LIBRAIRE,

PLACE DE LA BOURSE.

1827.

PROCÈS

DE

LA RELATION HISTORIQUE

Des Obsèques de M. MANUEL.

TRIBUNAL DE POLICE CORRECTIONNELLE.

7e CHAMBRE.

PRÉSIDENCE DE M. HUART. — *Audience du* 19 *septembre* 1827.

Le silence imposé par la censure à la plupart des journaux n'a point mis en défaut l'empressement des citoyens, qui, le mois dernier, malgré les précautions de la police, ont su rendre de derniers hommages à la mémoire de M. Manuel. Une sollicitude non moins vive les attirait aujourd'hui dans le sanctuaire et sur le seuil du Palais de Justice. L'élite du barreau et une multitude de personnes notables encombraient dès dix heures du matin l'étroite enceinte de la septième chambre correctionnelle. Le général La Fayette et M. Labbey de Pompierres, introduits de bonne heure, sont quelque temps demeurés debout à l'entrée de la salle ; on a profité d'une courte suspension de l'audience, pour leur faire place, et les porter, pour ainsi dire, sur les bancs réservés aux membres du barreau. Au nombre des personnages de distinction présents, on remarquait MM. Béranger, Gilbert des Voisins, Manuel frère, plusieurs membres de la légation des États-Unis, etc. etc.; les regards du public s'arrêtaient aussi avec une curiosité mêlée d'intérêt sur MM. Fabien et Bissette, deux de ces créoles de la Martinique qu'a frappés une si cruelle infortune. Le spectacle que présentait l'audience était imposant. M. Mignet a su constamment faire preuve d'une rare dignité : et son attitude pleine de noblesse a confirmé la haute idée qu'avaient conçue de lui tous ceux qui ne le connaissaient que par ses ouvrages.

L'un des huissiers du tribunal a enfin appelé les noms de MM. Mignet, Sautelet et Gaultier-Laguionie, tous trois poursuivis correctionnellement à raison de la brochure intitulée *Relation historique des obsèques de M. Manuel.* Mes Mauguin et Renouard sont chargés de la défense; le siége du ministère public est occupé par M. l'avocat du Roi de La Palme.

M. le président adresse à chacun des prévenus les questions d'usage relatives au nom, à l'âge et au domicile.

Au moment où M. *l'avocat du Roi* de La Palme se disposait à porter la parole, Me Mauguin demande à faire préalablement des communications dont on l'a chargé. M. *l'avocat du Roi* fait observer qu'il se bornera à présenter d'abord l'exposé de l'affaire : puis, avec l'assentiment du défenseur, il prend la parole, et s'exprime en ces termes :

« A l'occasion des obsèques de M. Manuel, qui ont été célébrées le 24 du mois dernier, on a publié un écrit intitulé *Relation historique des obsèques de*

M. Manuel, ancien député de la Vendée. Cet écrit était imprimé par le sieur Gaultier-Laguionie : il a paru contenir plusieurs caractères de culpabilité, et notamment celui d'excitation à la haine et au mépris du gouvernement royal, celui d'offense envers la chambre des députés, de diffamation, d'injure envers des autorités constituées, et de provocation à la rébellion. Le ministère public en a requis la saisie : cette saisie a eu lieu, soit chez l'imprimeur Gaultier-Laguionie, soit chez le libraire Sautelet. On a procédé à l'instruction ; M. Mignet a été signalé aux magistrats comme auteur de l'écrit incriminé : en conséquence, une ordonnance rendue par la chambre du conseil renvoie devant vous M. Mignet, auteur de cette brochure, les sieurs Gaultier-Laguionie et Sautelet prévenus de l'avoir sciemment imprimée, mise en vente ou distribuée, comme s'étant rendus coupables, soit de provocation à la rébellion, soit d'outrage envers des autorités constituées. C'est sur cette double inculpation que vous aurez à statuer : mais indépendamment des passages signalés par l'ordonnance, comme renfermant d'une manière spéciale les délits qu'elle a caractérisés, vous aurez à examiner l'écrit tout entier et dans son ensemble.

M. le président procède successivement à l'interrogatoire de chacun des prévenus.

M. Gaultier-Laguionie, à qui sont adressées les premières interpellations, reconnaît avoir imprimé la *Relation historique des obsèques de M. Manuel.* C'est M. Mignet qui l'en a chargé au nom de MM. Laffitte, Manuel frère et La Fayette. Il ne connaissait point le contenu de l'ouvrage, il savait seulement que M. Mignet était l'un des auteurs.

M. l'avocat du Roi : C'est pour la première fois

que vous parlez d'autres auteurs que M. Mignet ; devant le juge d'instruction, vous n'avez mentionné que M. Mignet, et le libraire Sautelet, qui vous avait mis en rapport avec l'auteur.

M. Gaultier-Laguionie : Ne m'étant trouvé en contact qu'avec M. Mignet, j'ai pu ne désigner que lui : mais je savais qu'il avait eu des collaborateurs.

M. Sautelet, interrogé par M. le président, répond en ces termes : « Les explications que j'ai à donner au tribunal sont fort simples ; M. Mignet est mon ami, je m'occupe en ce moment de la publication d'un ouvrage important qu'il vient d'achever. Le lendemain des obsèques de M. Manuel, il vint me dire que lui et quelques amis du défunt avaient l'intention de rendre compte des événements de la veille, et me demander si je connaissais un imprimeur qui voulût se charger de l'impression de cette relation ; je l'ai conduit chez M. Gaultier - Laguionie, qui s'en est chargé. Le mardi, jour où la *Relation* a paru, on en a envoyé chez moi 200 exemplaires : l'imprimeur ignorait sans doute le domicile de M. Mignet ; ce n'est point comme libraire que ces exemplaires m'ont été adressés ; M. Mignet était présent, lorsqu'on me les a apportés. Il me pria d'en faire faire quatre paquets, qui devaient contenir 50 exemplaires chacun ; mais, par mégarde, l'un de mes commis en a oublié sept, qui sont restés dans mon arrière-boutique. C'est là que les a trouvés M. le commissaire de police, lorsqu'à sept heures du soir il s'est présenté chez moi. Je les lui ai remis ; ils étaient, non pas à l'étalage dans ma boutique, mais bien sur une table dans une pièce de derrière. Je n'ai ni vendu ni distribué aucun exemplaire ; je me suis borné, selon le désir de M. Mignet, à expédier les quatre paquets, à l'adresse de MM. La Fayette, Laffitte, Manuel et de Schonen.

M. Mignet, à qui s'adressent ensuite les interpellations de M. le président, donne à son tour les explications suivantes. « Les parents et les amis de M. Manuel, au nombre desquels j'étais, ont jugé nécessaire de donner une relation de ses funérailles. Les graves événements qui s'y sont passés nous en imposaient le devoir. Nous nous sommes réunis pour cela chez M. Laffitte, à sa maison de campagne, où cette relation a été faite en moins d'un jour. Notre intention était de rendre un dernier hommage à M. Manuel, en publiant les honneurs accordés à ses restes et à sa mémoire, et de nous plaindre de l'autorité qui avait troublé ses obsèques. Si les journaux avaient été libres, cette relation n'eût pas été faite. Ils auraient contenu le récit des événements de cette journée, et nous y aurions fait entendre nos justes plaintes contre l'intervention armée de l'autorité, et les dangers auxquels elle a exposé tous ceux qui composaient le cortége. C'est pour suppléer à leur silence que nous avons fait cette brochure. J'y ai principalement coopéré avec MM. Laffitte et Manuel, et je n'hésite pas à me déclarer responsable de sa totalité. M. Sautelet n'a joué dans tout cela qu'un rôle de complaisance; il en est de même de M. Gaultier-Laguionie. Il ne s'agissait point ici de spéculation littéraire : les exemplaires devaient être distribués gratuitement : c'était une affaire d'amitié et non de librairie; ni M. Sautelet, ni l'imprimeur ne peuvent être incriminés pour une chose qui n'a jamais concerné que les parents et les amis de M. Manuel.

Me *Mauguin* se lève alors et annonce qu'il doit donner communication de plusieurs lettres qu'il a mission de remettre à M. le président après en avoir donné lecture à l'audience. La première, écrite par le général La Fayette, est ainsi conçue :

Lagrange, le 17 septembre 1827.

Monsieur le président,

Les journaux, que la censure a placés sous la responsabilité du gouvernement, annoncent que *MM. Mignet, homme de lettres, Sautelet, libraire, et Gaultier-Laguionie, imprimeur, sont envoyés devant la 7e chambre de Police correctionnelle, pour la publication de la Relation historique des funérailles de M. Manuel.*

On m'assure que les paroles prononcées par moi sur la tombe de mon ancien collègue ont été définitivement désignées comme un des motifs de cette prévention.

Dans ce cas, M. le président, il m'appartient de réclamer juridiquement contre une mesure qui, inculpant d'autres personnes sans m'inculper moi-même, semblerait supposer ou que mes paroles ont été confidentielles, ou qu'elles sont imprimées sans mon aveu, ou qu'elles ont été inexactement rapportées.

J'ai donc le droit et le devoir de déclarer que je les ai adressées à l'immense réunion de citoyens qui avaient accompagné les dépouilles mortelles de M. Manuel, que j'ai approuvé et même demandé leur publication dans le compte rendu solidairement par MM. Laffitte, Manuel jeune et Mignet, et que cette courte improvisation y a été fort exactement recueillie.

D'après cette déclaration, Monsieur, que beaucoup d'antécédents rendaient assez superflue, il est évident que si les paroles inculpées sont blâmables, la responsabilité tombe avant tout sur moi, et que si elles ont besoin d'éclaircissements, personne ne doit être plus que moi appelé et disposé à les donner.

J'ai l'honneur de présenter spécialement à la délibération du tribunal ma demande en priorité et solidarité de toute inculpation relative à mon discours sur la tombe de M. Manuel.

Agréez, Monsieur le président, l'assurance de mon respect.

Me Mauguin donne ensuite lecture d'une lettre de M. Laffitte dont voici la teneur :

Le 14 septembre 1827.

J'ai été informé de la déclaration, faite par M. Mignet, devant M. le juge d'instruction, au sujet de l'écrit pour lequel il est poursuivi, et mon devoir m'oblige à venir la confirmer en ce qui me regarde. Cet écrit a été composé chez moi, en peu d'instants, à ma campagne à Maisons, et porté aussitôt par un de mes domestiques à Paris. J'ai participé avec M. Mignet à sa rédaction, et la justice veut que j'en partage avec lui l'éloge ou le blâme. M. Sautelet n'y est pour rien, parce qu'il ne devait pas être vendu ; et M. Gaultier ne l'a imprimé de confiance que parce qu'il a pensé, qu'à mon âge et dans ma situation, je ne pouvais pas vouloir qu'il fût compromis.

La sincérité de mon témoignage, M. le président, ne peut être révoquée en doute. Personne ne croira que je puisse ambitionner la célébrité d'un procès, quel qu'il soit; mes convenances personnelles devraient me porter, au contraire, à chercher à éviter de paraître dans celui-ci; mais je dois la vérité avant tout aux autres et à moi, sans m'arrêter jamais devant les conséquences.

Il sera prouvé aux débats, si je suis appelé, comment des concessions poussées trop loin, pour les caprices de quelques agents de l'autorité, m'ont exposé aux dangers les plus graves, et comment le corbillard d'un ami a été transformé, par leur faute, en ce qu'ils appellent maintenant une tribune aux harangues. Les faits une fois établis, il sera facilement reconnu qui sont les véritables coupables, ou des imprudents qui ont failli faire verser à grands flots le sang des citoyens, ou des hommes courageux qui ont eu le bonheur de l'empêcher.

Je vais, M. le président, adresser copie de ma lettre à l'avocat de M. Mignet pour qu'il en fasse usage, s'il le croit nécessaire, dans l'intérêt de la défense.

Veuillez en demeurer prévenu, et agréer l'hommage de mon respect.

Une troisième lettre de M. Manuel est également remise à M. le président; elle est ainsi conçue :

Paris, 15 septembre 1827.

Monsieur le président,

Les parents et les amis de mon frère se sont réunis à moi pour la composition d'un écrit destiné à donner la plus grande publicité aux hommages rendus à sa mémoire, et à signaler en même temps la profanation, dont j'avais à me plaindre, de ses funérailles. Si l'expression de la douleur ne s'est pas renfermée dans les bornes légitimes, moi seul devrais en répondre, et non M. Mignet, puisque l'écrit m'appartient et que mon intérêt et mon vœu l'ont également provoqué. Quoique la justice du tribunal me rassure sur les conséquences du procès, je ne dois pas moins réclamer d'être appelé pour aider à sa défense.

Veuillez, M. le président, ne voir dans ma demande que le simple accomplissement d'un devoir, et le désir bien naturel de partager, avec mon ami, M. Mignet, un danger qu'il n'a pas dépendu de moi de lui éviter.

J'adresse copie de ma lettre à l'avocat de M. Mignet avec prière d'en faire usage dans l'intérêt de la défense.

Recevez, je vous prie, M. le président, l'hommage de mon profond respect.

Signé, MANUEL JEUNE.

Rue des Martyrs, n° 23.

Quant à M. le conseiller de Schonen, ajoute Me Mauguin, il s'est fait représenter à l'audience par un avoué.

En effet, *Me Lelong*, avoué, se lève aussitôt, et, se présentant au nom de M. de Schonen, donne lecture de la pièce suivante :

A MM. les président et juges composant la septième chambre du tribunal de première instance de la Seine jugeant correctionnellement, et en présence de M. le procureur du Roi.

Augustin-Jean-Marie de Schonen, conseiller à la cour royale de Paris, y demeurant vieille rue du Temple, n° 54, comparaissant par Me Lelong son avoué, d'une part, contre M. le procureur du Roi, d'autre part;

A l'honneur de vous exposer qu'il se rend intervenant dans la cause de MM. Mignet, Sautelet, et Gaultier-Laguionie.

Attendu que le discours incriminé, pag. 25 et 26 de la brochure intitulée : *Relation historique des obsèques de M. Manuel,* est le sien; qu'il l'a reconnu par une lettre à M. le procureur du Roi, laquelle est jointe au dossier; que, s'il diffère de celui prononcé sur la tombe du défunt, ce n'est que par quelques passages supprimés;

Qu'ainsi, s'il y a délit de publication à avoir imprimé le discours, il doit y avoir également délit de publication à le prononcer publiquement;

Que, dès-lors, il existait un autre délit dont le tribunal n'est pas saisi, dont il ne peut être saisi, et qui cependant est connexe en ce qu'il a précédé et occasioné le second;

Que le second pourrait même être moins grave que le premier, tant relativement aux circonstances qui ont pu l'accompagner, que par rapport à la qualité de la personne qui en serait l'auteur;

Qu'en imprimant ce discours, MM. Mignet et consorts n'ont fait que rapporter un fait historique dont toute la moralité appartient au requérant;

Que si l'on jugeait en l'état les inculpations dirigées contre MM. Mignet et consorts, et qu'on pût les condamner à raison du chef qui concerne le discours du requérant, on préjugerait ainsi la culpabilité;

Que d'ailleurs on ne peut juger la cause sans entendre l'auteur du discours dans ses explications, et qu'il ne peut être entendu que dans la forme déterminée par la loi;

Que, si l'on en croit le Moniteur de ce jour, la Cour de cassation doit être saisie de la connaissance de cette affaire en ce qui concerne M. de Schonen;

Que c'est une raison de plus pour renvoyer la cause en cette partie devant les juges qui doivent en connaître, sans aucun préjugé favorable ou désavantageux au requérant, et par tous autres motifs à suppléer de droit et d'équité.

Il vous plaise donner acte à l'exposant de son intervention, et faisant droit, ordonner le sursis jusqu'après le jugement par les juges compétents de la prévention existante contre MM. Mignet et consorts, seulement à raison des articles incriminés de son discours.

Messieurs, ajoute en terminant *Me Lelong*, je n'ai pas mission de donner aucun développement aux motifs des conclusions de M. de Schonen; retenu par ses fonctions de magistrat (en ce moment il préside la chambre des appels de police correctionnelle), il regrette de ne pouvoir vous donner lui-même quelques explications. Il désire que l'intérêt qu'il a dans cette cause soit exactement maintenu dans les limites posées par le texte de ses conclusions, et sur leur admission, il s'en remet à votre justice.

M. le président : M. le conseiller de Schonen est le seul qui ait posé des conclusions.

Me Mauguin : Nous avons cru pouvoir nous abstenir d'une forme d'intervention qui, au premier abord, a quelque chose de singulier : les personnages dont les lettres m'ont été remises ont pensé qu'il leur suffirait de déclarer au ministère public qu'ils avaient participé à la rédaction de l'écrit incriminé. Quant à M. Mignet, il ne repousse aucune responsabilité (M. Mignet confirme par un geste le témoignage de son défenseur).

M. l'avocat du roi de La Palme : Messieurs, les lettres qu'on vient de vous présenter au nom de MM. La Fayette, Laffitte et Manuel, ne renferment que de simples observations soumises à la sagesse du tribunal. M. de Schonen prend seul des conclusions positives : il demande expressément à intervenir au procès. D'abord, relativement à ces lettres, nous pouvons nous dispenser de toute explication, puisqu'en définitive elles ne tendent à aucun but précis. Nous n'avons donc point à examiner si les déclarations qu'elles contiennent ne seraient point un moyen imaginé pour prêter aux prévenus l'appui de noms plus ou moins imposants. Nous pensons, Messieurs, qu'à cet égard votre décision est écrite dans les dispositions de la loi. L'ordonnance de la chambre du conseil a déclaré M. Laffitte étranger à cette affaire : elle a fait reposer l'inculpation tout entière sur M. Mignet et accessoirement sur l'imprimeur et le libraire. Vous ne sortirez pas du cercle qu'elle vous a tracé. Quant aux observations que renferment ces lettres, c'est au ministère public qu'il appartient de les apprécier; il examinera dans sa sagesse s'il doit faire comparaître devant vous tels ou tels individus, par cela seul qu'il leur plaît de se désigner comme coupables; il pèsera scrupuleusement les allégations et les vraisemblances; il verra s'il est moralement possible d'attribuer à M. Laffitte une participation quelconque à un écrit dans lequel tout ce qu'on nous présente comme émanant de sa bouche implique contradiction avec le genre de responsabilité qu'il paraît vouloir revendiquer. En effet, Messieurs, consultez la Relation qui vous est déférée, vous verrez partout M. Laffitte, soit qu'il parle, soit qu'il agisse, employant son influence et l'autorité de sa parole à calmer les esprits, à conjurer les désordres, et présentant sa protection à l'autorité elle-même, si l'autorité pouvait en avoir besoin.

A l'égard de M. Manuel, je me bornerai à une réflexion: ne se récrierait-on pas à bon droit contre le ministère public s'il venait demander compte à un frère, qui pleure son frère, des expressions acerbes échappées à sa juste douleur, s'il venait troubler son deuil et son désespoir par des rigueurs qui auraient quelque chose d'impie?

J'arrive aux conclusions posées par M. de Schonen, et qui seules peuvent faire l'objet d'une délibération: avant tout, Messieurs, vous aurez sans doute remarqué les divers genres d'opinion qui à ce sujet paraissent diviser les parties. On vient de vous dire avec raison que cette forme d'intervention en matière correctionnelle a quelque chose de singulier: c'est qu'en effet elle est contraire aux dispositions de la loi, ou du moins on ne trouvera nulle part une seule disposition qui paraisse l'autoriser: d'après l'esprit et d'après la lettre de nos codes, la voie de l'intervention dans les procès correctionnels n'est ouverte qu'à ceux qui se portent partie civile. Mais lors même que cette intervention serait légale, ce n'est point ici qu'elle pourrait amener M. le conseiller de Schonen : il ne vous appartiendrait pas de le juger : prévenu des délits sur lesquels vous avez à prononcer, il serait justiciable de la Cour royale, et si sa conduite n'était considérée que comme devant donner lieu à des peines de discipline, c'est seulement à la Cour de cassation qu'il pourrait être déféré.

Cette intervention, essentiellement irrégulière, ne saurait donc arrêter le cours de la justice : nous concluons à ce que M. de Schonen soit déclaré non recevable.

Me Mauguin : Mon client, M. Mignet, n'appelle à lui aucune sorte de protection : il n'en a pas besoin pour défendre un écrit qu'il croit à l'abri de tout reproche légitime : ainsi en soutenant le principe de l'intervention, ce n'est point au nom de M. Mignet que je parle. Lorsque j'ai dit tout-à-l'heure que MM. La Fayette, Laffitte et Manuel n'avaient point cru devoir employer la voie qu'a suivie M. de Schonen, je n'ai point entendu dire que cette voie fût irrégulière, mais seulement que ce serait chose nouvelle. Notre mission se bornait à donner lecture des lettres qui nous avaient été confiées, nous nous en sommes acquittés. M. l'avocat du Roi accepte une fausse position ; nous devons l'y laisser et en tirer avantage : s'il y a délit dans la publication de la brochure, lui, ministère public, doit en poursuivre tous les auteurs. Je ne vois ni pourquoi ni comment il récuserait M. Laffitte, et incriminerait M. Mignet, alors qu'ils revendiquent l'un et l'autre la même responsabilité. Je ne concevrais pas que M. La Fayette ne fût pas poursuivi, si le discours qu'il avoue est incriminé.

Le ministère public a ses motifs pour reculer devant des noms qui ont une immense popularité et une magique influence : mais la justice a un bandeau : ses traits atteignent tout le monde : cela seul est décisif en notre faveur. Le ministère public pense qu'il échouerait devant M. Laffitte : j'en conclus qu'il échouera contre M. Mignet. Quand l'auteur d'un délit vous est signalé à l'audience, vous devez ordonner les poursuites. Au reste, je le répète, M. Mignet est présent, il est prêt ; si vous le voulez nous plaiderons à l'instant même.

Après une courte délibération avec ses collègues, M. le président prononce la décision qui suit : « Le tribunal donne acte à Me Mauguin de la lecture des lettres par lui présentées, et à M. de Schonen de sa demande en intervention, joint le tout au fond pour y être fait droit par un seul et même jugement, et ordonne qu'il sera passé outre aux débats contre les trois prévenus.

M. l'avocat du Roi reprend alors la parole pour soutenir la prévention, et s'exprime en ces termes : « M. Manuel, ancien député, est mort le 20 août dernier, dans la maison de campagne de M. Laffitte : ses obsèques ont été célébrées le 24. Le rôle politique qu'il avait joué, les opinions qu'il avait hautement manifestées, pouvaient faire penser que sa mort prématurée serait une occasion de regrets et d'hommages publics de la part de ceux qui s'étaient placés dans les mêmes rangs. On a pu craindre (et le passé autorisait de telles appréhensions) que ces témoignages publics de regrets ne fussent accompagnés d'agitations et de désordres. L'autorité prévoyante devait s'attacher à prévenir le renouvellement de scènes scandaleuses. Ses prévisions n'étaient que trop fondées : nous ne vous parlerons pas de ces hommes inconnus qui ont apparu au milieu du cortége, et se sont violemment emparés du cercueil; de ces individus armés de couteaux tranchants qui se précipitaient à la bride des gendarmes pour la couper, (légers murmures d'incrédulité dans l'auditoire), de ce char funèbre métamorphosé en tribune aux harangues, du haut de laquelle on s'adressait au peuple pour enflammer ses passions; de ces motions plus violentes les unes que les autres; et enfin de cette profanation des tombeaux qui a été donnée en spectacle à une partie de la population, comme si les honneurs rendus à une cendre étaient un motif de fouler aux pieds les cendres voisines........

Une relation de ces événements a été publiée: cet écrit a paru trop tôt; il était tracé sous l'inspiration du ressentiment et de la colère: de la part d'un écrivain qui aspire si non aux hommages de la postérité, du moins à l'estime des contemporains, c'est une grande imprudence que de publier des pensées arrachées aux impressions du moment, et avant qu'elles n'aient été refroidies par la réflexion.

Mais avant d'examiner cet écrit, fixons bien notre esprit sur certaines circonstances: aussitôt après la mort de M. Manuel, ses amis se transportèrent auprès des magistrats, pour obtenir les autorisations nécessaires à l'inhumation; « ils furent reçus avec les plus « grands égards (je me sers des expressions mêmes con« signées dans la Relation): seulement M. le préfet de « police parut craindre un immense concours et des « dispositions turbulentes, et il avait prié M. Laffitte « d'interposer, en cas de besoin, son influence pour « maintenir l'ordre. M. Laffitte avait cherché à dissiper « ces craintes en répondant que son intervention ne « serait pas nécessaire; que les amis et les nombreux « admirateurs de M. Manuel ne penseraient pas qu'on « pût mieux honorer ce grand citoyen, au convoi du« quel il voudrait appeler la France entière, que par

« le calme d'une religieuse douleur: » C'est toujours l'auteur de la Relation qui parle. Vous le voyez, Messieurs, tels étaient les sentiments qu'on apportait de part et d'autre; du côté de l'autorité, bienveillance, condescendance, crainte bien naturelle qu'une grande affluence de peuple n'amenât des scènes tumultueuses; de la part des amis de M. Manuel, promesses d'interposer leur influence pour le maintien de l'ordre. Mais ceux qui s'étaient engagés à prévenir le trouble ne furent point maîtres de contenir la fermentation populaire. La gendarmerie fut obligée, pour faire respecter les réglements de police, de déployer l'appareil de la force, et pourtant je vois encore dans la *Relation* même, que cette gendarmerie composée des brigades du département *paraissait animée des dispositions les plus pacifiques.*

Enfin, malgré ces dispositions pacifiques, le désordre éclate avec les plus effrayants symptômes: alors interviennent les paroles adressées à la multitude agitée par celui qui avait promis d'interposer, en cas de besoin, son influence: il rappelle à tous ceux qui l'entourent, que *l'autorité leur a imposé l'obligation d'obéir à ses réglements:* il les exhorte à tenir leur promesse: « *J'ose espérer*, ajoute-t-il, *que vous donnerez cette dernière marque de respect à la mémoire de notre ami, et je vous demande pour moi-même ce témoignage d'une confiance que je crois avoir méritée.*

Sans perdre de vue les *dispositions pacifiques* de la gendarmerie auxquelles on est obligé de rendre hommage, arrêtons-nous, Messieurs, sur ces paroles adressées à une multitude égarée: oui, nous aimons à les dire, ces paroles sont celles d'un homme sage, d'un bon citoyen: c'est ainsi que doivent parler ceux qui ont l'honneur de concourir à la confection des lois: il leur sied de s'envelopper en quelque sorte de la majesté des lois elles-mêmes!

Mais aussi n'est-il pas vrai que cette expression éloquente des meilleurs sentiments a été étouffée par les vociférations de l'emportement, de la fureur, et de la révolte? Vous prétendiez faire voir l'imposant spectacle de citoyens qui honorent par de religieux hommages la mémoire du défenseur de leurs droits; mais vous avez fait éclater plus d'animosité que de regrets: au milieu de ces scènes de scandale et de perturbation, ne semble-t-il pas que celui qu'on regrette ait disparu; qu'il soit absent d'une cérémonie dont il était pourtant l'objet?

C'est sous la dictée de ces passions haineuses et violentes qu'a été composé l'écrit qui vous est déféré. L'ordonnance de la chambre du conseil a paru resserrer le cercle primitif de l'inculpation. On avait d'abord pensé que cet écrit renfermait le caractère d'excitation à la haine et au mépris du gouvernement royal: mais l'ordonnance a écarté ce chef de prévention; elle se borne à vous signaler comme inconvenantes et répréhensibles les expressions contenues aux pages 4, 7, 9 et 24. Vous le savez, Messieurs, en accordant aux citoyens le droit de critique sur les actes de l'administration, le législateur a entendu punir ceux qui s'en serviraient comme d'un prétexte et d'un moyen détourné pour porter atteinte au pouvoir royal. Trop souvent néanmoins cette distinction établie entre la puissance royale et le pouvoir ministériel a favorisé l'impunité de ceux dont les coups portaient peut-être au-delà de la sphère ministérielle: rarement les tribunaux se sont décidés à reconnaître le caractère d'outrage et d'atteinte au gouvernement du roi, et cela par respect même pour l'autorité royale: les magistrats ont mieux laissé croire que le trône était placé trop haut pour être accessible à de semblables attaques. Le ministère public lui-même a rarement demandé l'infirmation de ces décisions qui, au premier coup-d'œil, semblent prêter à la royauté une grande force morale : toutefois ce genre de protection pourrait bien être insuffisant. Au reste, Messieurs, l'ordonnance de la chambre du conseil ne vous circonscrit point dans un cercle dont vous ne puissiez sortir : ce n'est point seulement une portion de l'écrit incriminé, c'est l'écrit dans son ensemble que vous aurez à juger. Nous aurons l'occasion d'apprécier ces phrases qui ne vous sont signalées que comme inconvenantes et répréhensibles.

Quelques explications sont également nécessaires sur la prévention d'outrage à la chambre des députés que l'ordonnance n'a point spécifiée. Vous avez tous présent à la mémoire ce grand acte par lequel M. Manuel fut exclu de la chambre élective : c'est à l'histoire qu'il appartient de le qualifier ; mais les moments historiques ne sont point encore venus : attendons, l'avenir arrivera : nos neveux prononceront.

Dans l'ouvrage incriminé, cette mesure extraordinaire est caractérisée avec les plus violentes expressions de l'injure et de l'outrage : ainsi, page 11, en parlant des ornements déposés sur le cercueil de M. Manuel, on signale une couronne de chêne, que lui avaient offerte en 1823 les citoyens de Grenoble, *lors de son expulsion* TRIOMPHALE *de la chambre des députés*. Présenter cette expulsion comme un triomphe pour M. Manuel, n'est-ce pas évidemment vouer à la honte la conduite de ceux qui prononcèrent cette exclusion ?

On dit à la page 22, que M. Manuel eut le courage de prédire les maux de la patrie, et qu'il *ne fut arraché de la tribune que pour avoir eu ce courage !* cette phrase est-elle moins significative ?

Plus loin, à la page 24, cette décision de l'un des premiers pouvoirs de l'état est représentée comme *la plus criante injustice qui ait jamais frappé de nullité une assemblée délibérante!*

Enfin, page 25, lorsqu'on reparle de cette mesure, on dénonce ses auteurs comme *les éternels ennemis de la France!* n'est-ce donc point là l'outrage le plus manifeste contre la chambre des députés!

Ici, Messieurs, se présente une grande question. Aux termes de l'art. 15 de la loi du 25 mars 1822, les outrages contre la chambre des députés sont poursuivis par la chambre elle-même, ou, avec son autorisation, par le ministère public. Cette autorisation est-elle dans tous les cas nécessaire pour légaliser l'action du ministère public? Nous ne le pensons pas; la loi de 1822 suppose évidemment une chambre encore investie de ses pouvoirs, en état de vie, et capable de délibérations; mais qu'arrivera-t-il à l'égard d'une chambre dissoute qui n'existe plus comme corps politique? Faudra-t-il donc qu'elle soit abandonnée sans défense aux traits de la calomnie et de la haine? non sans doute; nous retombons alors sous l'empire de la règle générale; le ministère public rentre dans l'exercice de sa prérogative, il poursuit d'office. Où sont les députés de 1823? ils sont tous retournés dans leurs foyers, ils ont repris les habitudes de la vie privée. Serait-il donc permis de les flétrir impunément *comme les ennemis de la France*, de leur imputer les plus *criantes injustices?* seraient-ils donc les seuls citoyens que le ministère public ne pût couvrir de son égide! Non, Messieurs, vous ne les placerez pas dans une situation telle qu'on ait contr'eux le privilége de l'injure et de la diffamation? Si ces considérations vous frappent, et si vous reconnaissez dans les phrases que je vous ai signalées les caractères de l'outrage envers la chambre des députés, il dépendra de vous de faire revivre ce chef de prévention abandonné par la chambre du conseil; vous êtes compétents; car les décisions de cette chambre sont attributives de juridiction, et, lors même que le ministère public garderait le silence, vous pourriez d'office évoquer le délit et prononcer la peine.

Maintenant examinons les passages qui ont plus particulièrement frappé la chambre du conseil : ceux que renferment les pages 10, 13, 15 et 20, lui ont paru offrir les caractères d'injure et de diffamation prévus par l'art. 5 de la loi du 25 mars 1822. Les voici : « Ils (les gendarmes) avaient les intentions les « meilleures et les plus conciliatrices. Cette gendar- « merie, qui était composée de brigades du départe- « ment, qui N'ÉTAIENT POINT ACCOUTUMÉES, COMME « LA GENDARMERIE DE PARIS, A DES CHARGES DANS LES « RUES CONTRE DES CITOYENS DÉSARMÉS, paraissait ani- « mée de dispositions pacifiques.

Page 13. « Quoique le cercueil fût sur le corbillard, « le corbillard était traîné par ceux qui n'avaient pu « porter le cercueil, et pour cette grave désobéissance « à ses réglements, il fallait qu'une autorité, *miséra- « blement susceptible et odieusement tracassière*, dé- « ployât l'appareil de la force au milieu des funérailles, « troublât de pieux devoirs, et s'exposât à répandre « le sang des citoyens.

Page 15. A l'occasion de l'ordre transmis par le préfet de police, on dit « qu'il y a une coupable im- « prudence et de la *lâcheté* à donner, de la préfecture « de police, loin des lieux, des événements et du dan- « ger, un pareil ordre. » Et plus loin, on parle de la mission provocatrice du chef de la gendarmerie.

Page 20. « En entrant dans le cimetière, on sembla « avoir déposé les sentiments d'indignation et de mé-

« pris qu'avait soulevés l'intervention tracassière du « pouvoir armé. »

Est-il besoin de démontrer que ces phrases renferment les plus outrageantes allégations, les plus insignes diffamations contre certaines autorités? Quoi! parce qu'en diverses occurrences, la gendarmerie de Paris a dû déployer la force, on pourra dire « qu'elle « s'est fait une habitude de sabrer dans les rues les « citoyens désarmés, » qu'elle se complaît à verser leur sang! Fallait-il donc qu'elle se révoltât la première contre les ordres de ses chefs? Fallait-il que les gendarmes, tranquilles spectateurs du désordre, jouassent un rôle passif, comme au milieu des fêtes publiques, et ne fussent là que pour légaliser la rébellion! devaient-ils jeter leurs armes aux pieds des séditieux?

Et l'autorité de ce magistrat dont on avait pourtant reconnu la *bienveillance*, il sera donc permis de la représenter comme *misérablement susceptible et odieusement tracassière!* et pourquoi *tracassière*, parce que ses précautions tendaient à empêcher que la sainte majesté des funérailles ne fût profanée! parce qu'elle voulait prévenir le déchaînement des passions populaires, de tous les fléaux et de tous les crimes qu'elles traînent à leur suite! A quoi bon pousser plus loin cette démonstration? Vous ne permettrez pas que de tels outrages demeurent impunis. Ce n'est point pour vous que les leçons du passé seront stériles. Où en serions-nous, si la carrière était une fois ouverte à l'audace de la diffamation et de l'injure? Qui sait où s'arrêterait ensuite la fermentation populaire? Vous le savez, Messieurs; on passe toujours par le magistrat pour arriver jusqu'à la loi et la fouler aux pieds : le respect que vous avez constamment montré pour la liberté légale est un gage de la juste sévérité avec laquelle vous réprimerez des excès aussi menaçants.

Reste une inculpation établie par l'ordonnance de la chambre du conseil, et qui repose sur différents passages contenus dans la page 26. Ces passages vous sont signalés comme renfermant une provocation manifeste à la rébellion. Ici, Messieurs, une tâche plus grave nous est imposée : et ce n'est pas seulement à raison de la gravité du délit que nous trouvons cette tâche rigoureuse et pénible.

Vous devez assez connaître le ministère public pour savoir que notre premier besoin est de découvrir un innocent dans un prévenu : aujourd'hui plus que jamais ce sentiment nous domine; nous apporterons à l'examen des phrases incriminées le vif désir de les trouver innocentes : en vous les soumettant, Messieurs, nous implorons votre sagesse impartiale. Écoutez : c'est un orateur qui élève la voix sur le bord d'une tombe prête à se fermer.

« Manuel !.. avant le temps il faut donc nous séparer !
« tu tombes au milieu de ta force; tu nous es ravi au
« moment même où nous pouvions le plus compter
« sur toi.

« Résignons-nous devant l'implacable destinée, et
« que ta mort, comme ta vie, soit un exemple pour
« nous.

« Que ton existence a été courte, mais qu'elle a été
« pleine! tes jeunes ans furent donnés à la patrie comme
« tes années les plus mûres. Tu fus soldat de la France
« libre, et sénateur lorsque la tribune fut un autre
« champ de bataille aussi glorieux et non moins dan-
« gereux.

« *Tes ennemis, les éternels ennemis de la France*
« *ne te vainquirent jamais. Ils te proscrivirent, ne*
« *pouvant te répondre....*

« *De ton expulsion, Manuel, date cette adminis-*
« *tration !.....*

« *Je m'arrête, le respect que je dois à la paix des*
« *tombeaux ne permet pas à ma juste indignation*
« *de la qualifier.*

« Confessons-le sur ta tombe! la France entière eût
« dû protester contre cet outrage par d'unanimes
« réélections!.... *Les nations comme les individus ont*
« *malheureusement leurs moments de faiblesse ou*
« *d'abandon,* MAIS ELLES SE RÉVEILLENT. *Il n'en se-*
« *rait plus ainsi, répondez, citoyens!* (Ici, ajoute
« l'auteur de la Relation, l'orateur est interrompu par
« l'acclamation unanime, non, non, non!) *J'adjure*
« *cet immense cortége,* les larmes, hélas, qui s'échap-
« pent de tous les yeux, répondent assez... *Qu'elles*
« *ne soient pas stériles !.... L'excès de nos maux a*
« *assuré notre salut, et de notre abaissement sorti-*
« *ront notre force et notre grandeur.*

« Oui, nous nous relèverons, nous en attestons tes
« mânes généreuses, etc., etc..... »

Avez-vous bien suivi la marche, saisi l'esprit de ce discours, poursuit M. l'avocat du Roi, en avez-vous observé les gradations? D'abord l'orateur excite l'indignation contre l'administration. Tout-à-coup il s'arrête; il ne peut la qualifier; il laisse à la pensée des auditeurs le soin d'achever sa propre pensée; puis il présente la nation comme plongée dans un état d'abaissement et de torpeur dont il la fait rougir : et enfin, après avoir ainsi enflammé les passions, il fait entendre ce cri : « Nous nous relèverons. »

Dans l'impossibilité de prêter à ces paroles un sens favorable, nous aimons à supposer qu'elles ne sont pas l'exacte expression de la pensée de l'orateur : et, en effet, ce discours n'a point été communiqué par écrit; c'est d'après des souvenirs, ou sur de simples notes, qu'on nous l'a retracé; on n'en a reproduit que des membres isolés. Oui, nous voulons croire que les réminiscences étaient inexactes, ou que les phrases omises modifiaient l'esprit de celles qu'on a seules conservées; ce n'est pas la bouche d'un magistrat qui a prononcé ces inconcevables paroles (1)! Où donc en voulez-vous venir? Que veulent dire ces reproches adressés à la nation, et cet espoir de la voir sortir de l'abaissement où elle serait tombée? Ce discours ne rappelle-t-il pas les harangues d'une époque désastreuse? N'est-ce point un écho qui fait retentir jusqu'à nous ces mots terribles de *réveil du peuple?*

Ces funestes exhortations ne tendent-elles pas à apprendre au peuple qu'il peut tout par sa force, et qu'il n'a qu'à se lever pour tout renverser? il restait à ajouter comme complément naturel à un tel discours : « Français, c'est à pareil mois que nous « avons renversé et les lois oppressives et les oppres-« seurs ; suivez-moi ; marchons à de semblables « exploits. »

Ces paroles incendiaires s'adressaient heureusement à une nation éclairée et lasse d'avoir été séduite par des imposteurs : après de passagères émotions elle retombe de son propre poids dans une sage impassibilité; et elle attend avec patience les améliorations que l'avenir lui promet. Telle est en effet l'heureuse influence des lumières qui se répandent au milieu

(1) L'opinion ici émise par M. l'avocat du Roi est contredite et par la requête que M. le conseiller de Schonen a fait présenter au tribunal, et par la lettre qu'il avait précédemment adressée à M. le procureur du Roi, et dont nous avons reproduit le texte à la fin de cette relation. (*Voy. la pièce additionnelle.*)

d'une nation : la vérité parvient à se faire jour : le peuple apprend à connaître ses véritables intérêts, et il finit par comprendre que le meilleur précepte politique est celui-ci : « Attendre et temporiser. »

Les intentions qui respirent dans le discours que vous venez d'examiner, se retrouvent dans plusieurs passages de la *Relation*. Consultez la page 4, vous y lirez ces mots : « *L'autorité haineuse* qui avait poursuivi Manuel vivant, le poursuivait encore après sa « mort. » A la page 7, il est de nouveau question des *animosités* que l'autorité conservait contre Manuel après sa mort. Enfin, on parle, à la page 9, des *précautions haineuses du pouvoir*. L'autorité est sans cesse et partout présentée comme animée contre M. Manuel d'une haine que ne désarme pas le respect dû à une cendre. Il y a une moralité facile à saisir dans ces reproches d'animosité. Pourquoi cet acharnement de l'autorité contre un homme qui n'est plus? Parce que cet homme fut l'ami du peuple; le pouvoir hait les amis du peuple et repousse ceux qui voudraient leur rendre hommage, parce qu'il déteste et le peuple et les droits du peuple; M. Manuel fut un grand citoyen : c'est là son crime.

Ceux qui peignent l'autorité sous d'aussi noires couleurs savent bien qu'elle ne peut se soutenir que par l'affection du peuple ; et, dès-lors, je vous le demande, que penser de leurs intentions et de leurs projets?

Jetons un dernier coup-d'œil sur les principaux traits du tableau que nous venons de parcourir. Ici, on vous montre une indigne profanation, des funérailles troublées par l'intervention odieuse de la force armée, par l'apparition menaçante de ces gendarmes habitués à sabrer des citoyens désarmés; là, on vous signale la conduite à la fois cruelle et lâche de cette autorité, qui donne à ses agents des missions provocatrices. Parle-t-on des députés ? C'est pour les présenter comme flétris par les plus criantes injustices; puis viennent en foule les imputations les plus graves; on les presse, on les groupe, on les rassemble : arrive enfin l'explosion dans ce discours, où on déplore l'abaissement du peuple, pour mieux provoquer son réveil; et un pareil écrit ne serait point puni par vous! Messieurs, votre tâche commence au moment où la nôtre finit; vous avez souvent fait voir que vous êtes placés assez haut pour n'écouter que les exigeances de la loi et les intérêts de la société : vous ne perdrez point l'occasion de le prouver encore.

Je terminerai par quelques observations relatives à chacun des prévenus. M. Mignet reconnaît avoir concouru à la rédaction de l'ouvrage incriminé; il l'a du moins composé en partie; on a trouvé chez lui une portion du manuscrit; c'est par lui que ce manuscrit a été remis à l'imprimeur. C'est donc sur lui que doit peser la responsabilité principale. Peu importe qu'il ait eu ou non des collaborateurs. Cette circonstance, que nous avons déjà eu l'occasion d'apprécier, ne saurait le décharger de la responsabilité qu'il a encourue et acceptée. Si l'ouvrage est coupable, M. Mignet est coupable et doit être puni.

Quant au sieur Sautelet, vous avez pu voir quel a été son rôle; c'est à lui que s'est adressé l'auteur pour la publication du manuscrit; c'est lui qui a fourni le papier; un certain nombre d'exemplaires lui ont été adressés; il s'est chargé de les distribuer. Ces circonstances suffisent : il n'y a pas lieu d'examiner s'il a ou non agi en qualité de libraire. M. Sautelet ne saurait repousser l'inculpation; sa défense même tend à l'établir.

L'imprimeur, aux termes de la loi, ne peut être poursuivi qu'autant qu'il a imprimé sciemment. Le sieur Gaultier-Laguionie a-t-il imprimé sciemment? Oui; ses interrogatoires mêmes en fournissent la preuve incontestable; il déclare à la vérité n'avoir pas lu l'ouvrage avant l'impression; mais lorsque les épreuves lui ont été soumises, il a, dit-il, remarqué des passages qui lui ont paru trop véhéments; et il les a fait effacer. Nous le demandons, comment concilier cette circonstance avec l'ignorance prétendue dont il cherche à se faire une sauvegarde? La contradiction est palpable; et dès-lors la culpabilité ne l'est pas moins.

Par les motifs que nous venons d'établir, et attendu que les prévenus se sont rendus coupables de diffamation, et d'outrage envers des autorités constituées, et envers la chambre des députés par laquelle a été prononcée l'exclusion de M. Manuel; attendu qu'ils sont convaincus de provocation à la rébellion contre l'autorité, soit en publiant, soit en imprimant ou distribuant un écrit intitulé : *Relation historique des obsèques de M. Manuel*, nous requérons qu'il plaise au tribunal de condamner le sieur Mignet à deux mois d'emprisonnement et 2000 fr. d'amende, et les sieurs Sautelet et Gaultier-Laguionie, chacun à un mois de prison et 1000 fr. d'amende.

M. Mignet demande à présenter lui-même quelques observations, et, d'une voix assurée, lit le discours suivant :

Messieurs,

Avant que mon défenseur prenne la parole pour vous démontrer que mes expressions n'ont point dépassé la limite des lois, je vous dois quelques explications sur les sentiments dans lesquels j'ai rédigé l'écrit qu'on me reproche. Ces explications vous feront mieux connaître ma pensée, et vous permettront de la mieux apprécier. Je sais, Messieurs, que dans les temps de partis les mérites sont contestés, que les réputations ne sont pas plus convenues que les opinions, et que tel homme respectable pour les uns est loin de l'être pour les autres. Aussi, je ne prétends pas imposer à ceux qui ne pensent point comme moi la même estime pour les mêmes hommes; mais je leur demande la faculté que je leur accorde; car il doit être permis à chacun d'avoir ses sentiments et son culte. Quel qu'ait pu être M. Manuel pour un certain nombre de personnes, il était pour tous les hommes de mon opinion, pour tous les amis de la liberté, un citoyen élevé, courageux, éloquent. Pour moi, il était plus encore; il était un compatriote, un ami précieux auquel je devais tous mes soins et tout mon attachement. Je lui souhaitais une longue vie, parce que je croyais qu'elle serait utilement et glorieusement remplie. Mais quand cette vie a été sitôt terminée, j'ai souhaité ardemment que des hommages publics vinssent honorer sa cendre. Ces hommages, je les souhaitais pour l'honneur de ma cause et pour la mémoire de mon illustre compatriote. Je désirais que la France s'honorât elle-même en honorant un homme qui avait tant pris ses intérêts à cœur. Certainement, si j'avais pu communiquer mon émotion, et contribuer de ma plume à augmenter le concours, je l'eusse fait; mais les journaux ne s'appartiennent plus. On n'y peut plus rendre justice à un citoyen recommandable, ni déplorer la perte d'un ami. Il a fallu attendre du zèle seul et du zèle à peine averti, les marques de regret et de respect dont M. Manuel était digne. Ces témoignages n'ont cependant pas manqué; ils ont été touchants et unanimes; tous les amis de M. Manuel s'en sont réjouis, et ils auraient voulu que la France entière pût être témoin de la scène funèbre à laquelle ils assistaient.

Une nombreuse jeunesse se disputait l'honneur de porter le corps de M. Manuel. Quelque religieux que fût cet hommage, comme un réglement de l'autorité l'avait défendu, et que ce réglement, quoique injuste, ne pouvait être enfreint sans beaucoup de désordre, les amis de M. Manuel s'étaient entremis pour faire déposer le cercueil sur le char funèbre. Les jeunes gens avaient cédé avec déférence; mais, par une inspiration qui aurait dû paraître respectable puisqu'elle conciliait les réglements de l'autorité avec le vœu irrépréhensible des assistants, après avoir renoncé à porter le cercueil, ils avaient voulu traîner le char. Le cortége s'avançait avec ordre; sa marche était calme et silencieuse. Nous accompagnions les restes de M. Manuel, non comme des perturbateurs ou des rebelles, mais comme des amis affligés ou des admirateurs reconnaissants. Nous marchions ainsi sans trouble depuis deux heures, escortés par des troupes pacifiques comme nous, accompagnés par des magistrats qui, loin de blâmer ce que nous faisions, y donnaient une approbation évidente, accomplissant un devoir sacré dans tous les pays et pas encore proscrit dans le nôtre, lorsque nous avons été tout-à-coup arrêtés par des escadrons de gendarmes. La vue de la force armée a changé le silence et le recueillement en tumulte. Sans qu'il y eût désordre ou désobéissance, sans que l'enthousiasme même pour la mémoire de M. Manuel eût rien de provocateur contre l'autorité, M. le préfet de police a fait cerner un cortége funèbre comme un attroupement séditieux, et a failli changer une cérémonie de paix et de deuil en une sanglante mêlée.

L'autorité est-elle donc dans son droit, quand elle

veut commander et se faire obéir sans consulter les convenances de ses ordres et les frais de notre obéissance ?

M. le préfet de police est averti que le cercueil n'est pas sur le char, mais qu'il est porté à bras. Il prescrit sur-le-champ qu'on envoie cinq cents sabres pour que victoire reste à ses ordonnances ; il ne sait pas si le fait est vrai ; si, le fait même étant vrai, il est possible de l'empêcher sans une catastrophe : il ordonne toujours. Cependant le fait est faux, le cercueil n'est point porté à bras ; il est sur un char et la lettre des réglements est du moins exécutée. Des milliers d'hommes entourent ce char. Après avoir fait une première concession, ils sont peu disposés à en faire une seconde. Leur nombre immense ne permet pas d'être entendu d'eux. Il n'y a qu'un moyen de communiquer avec eux, c'est de les sabrer. N'importe, M. le préfet de police, ignorant tout cela, veut être obéi, et compromet la force armée en l'exposant à verser le sang des citoyens, pour exécuter un ordre autrement inexécutable. Cet ordre, Messieurs, était tel que la gendarmerie elle-même s'est arrêtée devant ses terribles conséquences ; elle a renoncé à s'ouvrir le sabre à la main un passage à travers cette multitude, et à conduire triomphalement sur des cadavres le nouveau corbillard qu'elle amenait. Sans doute, si quelques milliers d'hommes en pleine rébellion, bravant l'autorité par une désobéissance audacieuse, eussent traversé les boulevards en tumulte, l'intervention de l'autorité eût été fondée, et son intérêt à être obéie, à quelque prix que ce fût, eût été pressant. Mais quand la lettre des réglements était exécutée, quand un silence respectueux était partout gardé, et qu'au lieu de bravades, on ne voyait que des regrets, vouloir prescrire une dernière condition qui n'avait pas été préalablement imposée, qui n'était pas exigible, et le vouloir au risque d'une profanation et d'un massacre, était-ce, Messieurs, raisonnable, humain, politique ?

Voilà, Messieurs, la véritable situation du public et de la police pendant cette circonstance des funérailles; elle a rempli tous les assistants d'un sentiment, qu'en narrateur exact des faits, je n'ai pas pu appeler autrement que l'indignation, et j'avoue qu'il n'y a pas de ménagement de langage qui puisse me faire trouver une expression polie pour qualifier la conduite d'un homme qui, loin des lieux et du péril, rejette sur la force armée la responsabilité d'une exécution désastreuse, que lui-même n'eût certainement pas ordonnée, s'il eût été témoin des événements. C'est alors que les amis de M. Manuel se sont promis de donner une relation de ses funérailles. Ils voulaient deux choses : publier les hommages rendus à l'ami qu'ils regrettaient, et montrer les torts de la police qui venait troubler la cendre des morts : telles étaient nos intentions. Nous voulions en outre imprimer cette Relation pour remplacer par une publicité encore permise la publicité détruite des journaux. Les amis de M. Manuel se sont réunis chez M. Laffitte, et ont tous concouru à la Relation dont j'ai été le rédacteur. La responsabilité était commune, mais je ne redoute pas de l'encourir seul, et je me présente sans crainte pour en supporter les conséquences. C'est bien peu de danger pour rendre hommage à un ami et à un citoyen tel que M. Manuel.

Telles sont, Messieurs, les explications que je voulais vous donner sur les sentiments et les pensées qui m'ont inspiré l'écrit poursuivi devant vous. Je n'ai fait ni une spéculation politique, ni une spéculation littéraire. J'ai voulu rendre hommage à un homme que j'admirais, que j'aimais, et loin de croire ma conduite répréhensible, je croyais, et je crois encore, qu'elle n'était que l'accomplissement d'un devoir simple et honorable. Ces pensées et ces sentiments ne peuvent être coupables. J'accepte avec MM. La Fayette, Laffitte et de Schonen, dont les discours sont incriminés, une solidarité qui m'honore, et leur noble conduite dans ce procès, leur généreuse intervention à l'audience, m'ont appris que nous pouvons garantir les paroles les uns des autres. Je laisse à mon honorable et habile défenseur à justifier la légalité de mes expressions. Vous jugerez, Messieurs, entre des amis qui suivaient paisiblement des funérailles et la police qui les a troublées sans motif réel. Privés comme nous le sommes de nos plus chères libertés, de nos plus précieuses garanties, vous êtes, Messieurs, notre seul recours, et votre imposante censure peut seule arrêter une police qui se joue des droits des vivants et des restes des morts. C'est elle que j'ai attaquée, et je livre mes sentiments, mes pensées et mes expressions sur elle à votre justice, certain qu'ils seront appréciés comme ils doivent l'être. »

L'impression profonde que ce discours a produite sur l'auditoire se manifeste par des témoignages d'assentiment qui expriment à la fois, et le vif intérêt qu'inspire le prévenu et le respect que demande la présence des magistrats. L'espèce d'agitation qui naît d'une approbation à moitié contenue, régnait encore dans l'audience, lorsque Me Mauguin a pris la parole pour réfuter le ministère public. (Un profond silence s'établit à l'instant.)

Me Mauguin s'est exprimé en ces termes: « Il y a quelque chose de noble et de touchant dans les hommages rendus par un grand peuple à la mémoire d'un simple citoyen qui n'eut d'autres droits à sa reconnaissance qu'un dévouement sans bornes à son pays; un beau talent et un grand caractère. On conçoit les honneurs funéraires rendus à la puissance: la vanité lui survit; la curiosité est éveillée par l'éclat de ses pompes, et dans le concours qu'elles attirent, le désir de plaire aux vivants ne reste pas étranger au culte des morts. Mais des regrets sincères peuvent seuls appeler la foule aux obsèques d'un de ces hommes qui se sont dévoués à la défense de ses droits. Ce n'est point là qu'on put jamais attendre des faveurs, et de nos jours on y trouve des dangers et des procès.

Je ne dirai point quel fut M. Manuel; il était du nombre de ceux qui ont mérité l'admiration des uns et l'animadversion des autres. Il est mort jeune; mais des larmes publiques ont honoré sa tombe.

Le vœu de ses amis était de transporter sa dépouille mortelle au cimetière de l'Est. Le maire de Maisons avait donné l'autorisation nécessaire; tout était préparé, et le vendredi avait été fixé pour la cérémonie. Afin d'éviter tout obstacle, on résolut de se pourvoir de l'autorisation du préfet de police. Il s'agissait d'une chose simple: le cercueil devait d'abord être apporté rue des Martyrs, où M. Manuel demeurait; l'autorité s'y refusa; elle voulut changer en même temps le jour du convoi; elle prescrivit d'abord le mercredi, puis le jeudi; elle ne consentit enfin au jour fixé que sur l'insistance de M. Laffitte qui s'était chargé de la négociation; mais elle lui fit promettre son influence pour le maintien de l'ordre.

Le cortége s'avançait vers la barrière des Martyrs; triste effet des ressentiments politiques, pour la première fois, on voyait l'entrée de la cité interdite à des dépouilles inanimées et la proscription s'appesantir sur un cercueil. Malgré le silence des journaux à qui la censure avait interdit toute annonce, une foule immense s'était réunie; elle attendait le char funéraire. A peine arrivé, elle l'entoure; des jeunes gens, entraînés par les sentiments de leur âge, veulent s'emparer du cercueil, et le porter eux-mêmes à la dernière demeure; mais un commissaire de police était présent, accompagné d'un officier de l'état-major de la place et de plusieurs brigades de la gendarmerie départementale; il s'oppose à des tentatives qu'il dit contraires aux réglements; un ordre est donné; les soldats tirent le sabre; des cris de mécontentement éclatent de toutes parts. Cependant, et je m'empresse avec la Relation de rendre pleine justice à ceux qui avaient alors le commandement de la force publique. Ils étaient animés des intentions les plus pures, sur un ordre contraire, le sabres tombent dans les fourreaux au milieu d'applaudissements universels; on négocie, on s'entend. Le cercueil restera sur le char; mais le char dont les chevaux vont être dételés sera traîné par la foule. La convention s'exécute; le cortége se déploie, et il reprend sa marche lente et majestueuse.

Vingt mille hommes distribués sur deux lignes suivaient des deux côtés le boulevard extérieur; au milieu s'avançait le char funéraire, traîné par mille bras et surmonté de couronnes décernées dans un autre temps à Manuel, par les villes de Tours, de Lyon et de Grenoble. Le peuple affluait de toutes parts; il couronnait les arbres; on le retrouvait sur les murs et sur le faîte des maisons. Partout régnait un religieux silence; seulement et par intervalles, on entendait des cris en l'honneur du défunt, et de temps à autre des branches légères, détachées de la cime des chênes, tombaient sur le cercueil en forme de couronne; seule, mais noble récompense accordée par le peuple à ses défenseurs.

Tout se passait dans l'ordre, dans le recueillement le plus profond. A la vérité on apercevait du mouvement dans la gendarmerie Des ordonnances partaient ou revenaient au galop, et à chaque barrière, à l'intérieur, dans les chemins de ronde, on voyait un corps de troupes à pied qui gagnait les devants du convoi. Mais pourquoi des inquiétudes? à quoi bon des alarmes? n'était-on pas sous les yeux de l'autorité et d'accord avec elle? Tout-à-coup, à la barrière de Ménilmontant, une ligne de bataille se déploie et la multitude est arrêtée. On s'interroge, on se questionne. Que veut la gendarmerie? quelles sont ses plaintes? Les chefs sont entourés. — Que prétendez-vous faire? Nous empêcherez-vous de passer? — Oui — Pourquoi? — Le char doit être traîné par des chevaux. — Et si nous ne voulons obéir? — Tant pis pour vous; nos ordres sont là; nous avons des sabres; c'est pour en faire usage.

Ainsi pour une simple contravention aux ordres de l'autorité, vingt, trente mille hommes sont menacés de mort. Figurez-vous cependant le désordre qui s'empare du cortége. De bouche en bouche, la nouvelle vole et circule; on entend d'abord un murmure sourd, qui s'élève, qui s'étend, qui règne bientôt sur cette foule immense. Des cris, des menaces éclatent; c'est de la colère, c'est de l'indignation qui s'exprime. Au milieu du tumulte, une voix s'élève : *Retournons à Maisons;* et le char retourne, et l'on veut faire un mouvement rétrograde. Mais il avait été prévu sur les derrières; la gendarmerie départementale s'était étendue; elle présentait aussi sa ligne de bataille, et la foule désarmée se trouvait entre deux feux.

Au milieu de la paix verrons-nous donc se déployer le spectacle sanglant des guerres civiles! le sang du peuple va-t-il couler? A qui restera la victoire? A la force disciplinée, ou à la foule qui en se pressant et par son nombre peut étouffer les gendarmes?

En vain le commissaire de police s'approche et déclare qu'il répond de tout; qu'il prend tout sous sa responsabilité. Le comte de Saint-Germain, qui commandait la gendarmerie, répond froidement qu'il a ses ordres. M. Laffitte arrive, M. Laffitte à qui le préfet avait fait promettre son influence. Il fait des représentations; elles ne sont pas écoutées. Quelques officiers tenaient des propos menaçants: *qu'on nous laisse faire*, s'écriaient-ils; *tout sera bientôt fini;* mais il est juste de le dire; d'autres et en plus grand nombre, s'interposaient: « Pourquoi en venir à des » actes de violence? l'ordre porte que le char doit » être traîné par des chevaux; attelez deux chevaux » bien ou mal, peu importe; et que vos jeunes gens » restent, s'ils le veulent. » M. de Saint-Germain lui-même, embarrassé d'une résistance inattendue, se rend à cet avis.

La satisfaction demandée devait mettre fin à une position dangereuse pour tout le monde; mais il fallait la faire accepter d'une foule irritée et tumultueuse. M. Laffitte monte sur le corbillard, il tressaille en foulant de ses pieds les restes de son ami. Il s'adresse aux jeunes gens qui l'entourent et qui se pressent pour l'écouter. Auprès des uns, il emploie l'autorité de son nom; aux autres, il parle comme un père. « Le pouvoir a tort; sa conduite est blâmable; mais faut-il résister! On se battra donc sur un cercueil... Et leurs familles, que deviendront-elles? qu'ils pensent aux inquiétudes, aux douleurs de leurs parents? Qu'avons-nous voulu faire? rendre un hommage au grand citoyen que nous pleurons; n'est-il pas rendu, puisque c'est la force qui l'empêche. Tout ce qu'il faut, c'est qu'une relation exacte des événemens de la journée soit publiée; elle le sera, je vous l'atteste. Évitons à Manuel des funérailles sanglantes. »

Enfin, et après mille efforts, la transaction est acceptée. Des chevaux sont attelés en apparence et la marche continue.

On était arrivé au cimetière, une multitude immense en couronnait les hauteurs; plus de cent mille personnes assistaient à cet imposant spectacle : on y voyait des hommes de tous les rangs, de tous les états; des femmes mêmes étaient accourues. Le cercueil est repris à bras et déposé dans la fosse; des discours sont prononcés; la foule se dissipe, et le silence règne à jamais sur cette tombe qui a détruit tant d'espérances et qui renferme tant de regrets.

Tel est, Messieurs, le tableau fidèle, quoique abrégé, de ces funérailles, qui ont failli devenir si funestes. Une relation exacte avait été promise. Elle a été écrite le lendemain des événements et sous leur influence; les auteurs y rendent compte de ce qu'ils ont vu et senti. C'est cette Relation qui est poursuivie. Je dois examiner maintenant si elle est coupable.

J'ai trois chefs de prévention à combattre, diffamation et injures envers des autorités constituées, offense à la Chambre des députés, provocation à la révolte.

Quand il s'agit de diffamation et d'injures, il faut toujours distinguer. Si les imputations diffamatoires sont dirigées contre des particuliers, elles sont coupables; la preuve n'en saurait être admise; la vie privée du citoyen doit être murée. Il en est autrement si elles ont lieu contre des agents de l'autorité; alors ou elles portent sur des faits réels et prouvés, ou elles sont calomnieuses. Dans ce dernier cas, sans doute, elles doivent être punies; mais dans le premier, il n'y a jamais lieu à sévir. Cette différence entre la diffamation contre des particuliers, et celle qui concerne des fonctionnaires, tient à des motifs graves; à l'égard des particuliers, la diffamation est toujours dépourvue d'un intérêt légitime. C'est ce défaut d'intérêt qui prouve une intention perverse, et constitue le délit. Le principe est si vrai qu'il cesse de s'appliquer toutes les fois que l'intérêt existe; ainsi, par exemple, la diffamation et l'injure se glissent souvent dans les publications judiciaires; mais souvent aussi elles sont exigées par le besoin de la cause. De là cette disposition de la loi, qu'au juge seul du procès, il appartient de statuer si les droits de la défense ont été ou non dépassés.

Quand il s'agit au contraire de faits imputés aux agents de l'autorité, il y a intérêt pour tous à les révéler; les fonctionnaires ont une vie publique qui ne leur appartient pas. Leurs discours et leurs actes sont la propriété de tous. De là le droit de censure consacré par la loi. Or cette censure ne peut trouver à s'exercer sur des actes réguliers; c'est aux actes illégaux qu'elle s'attache; elle doit donc être protégée, car il importe au bien de tous que les actes illégaux soient révélés et punis.

Aussi à l'égard des agents de l'autorité la question n'est-elle jamais de savoir si on peut leur reprocher des faits constants et avoués; il n'existe de difficulté que dans un seul cas, c'est de savoir, quand les faits sont déniés, comment la preuve en peut être fournie. La loi du 26 mai 1819, art. 20, avait résolu la question en permettant même la preuve testimoniale. La loi du 22 mars 1822, en revenant à d'autres doctrines, a proscrit ce genre de preuves. Mais elle n'a proscrit que ce genre de preuves. Ainsi reste toujours le principe, qu'on peut dire la vérité contre les fonctionnaires; qu'on peut la dire, si les faits sont avoués. La loi de 1822 n'a apporté qu'une seule modification; c'est qu'en cas de déni, les faits ne peuvent être établis que par une preuve écrite. Si l'on proscrivait toute vérité contre les fonctionnaires, que deviendrait donc le droit de critique et de censure? Comment pourrait-on dénoncer à l'autorité supérieure un agent coupable. Mais du droit de reprocher publiquement des faits prouvés par écrit, ou non déniés, en résulte un autre, celui de les qualifier. La qualification d'un fait, lorsqu'il est exact, ne peut renfermer en effet ni diffamation, ni injure ; aussi l'art. 20 de la loi du 26 mai, qui existe toujours en cette partie, permet-il les qualifications, même outrageantes. Il punit seulement *les injures qui ne seraient pas nécessairement dépendantes des faits imputés.*

Voilà les principes. Passons à l'application.

Trois autorités sont présentées par l'accusation comme ayant été outragées. La gendarmerie, la police, et l'administration générale.

Mettons d'abord de côté la gendarmerie départementale; loin de l'avoir diffamée, au contraire, on lui a accordé des éloges; on a rendu hommage à ses *dispositions pacifiques*, et de ce premier fait ressort une conséquence, c'est qu'en prenant la plume, les auteurs de la brochure n'avaient pas l'intention de diffamer.

Mais ils ont dit, en parlant de la gendarmerie de Paris, qu'*elle était accoutumée à charger dans les rues les citoyens désarmés?* Oui, ils l'ont dit, mais sans épithète, sans qualification injurieuse, et même sans malveillance; car, à la page 21, en rapportant qu'à la porte du cimetière, un nouvel ordre de charger lui avait été donné, ils disent que les gendarmes *obéirent lentement;* remarque qu'ils font comme un éloge. Reste donc cette simple proposition que la gendarmerie de Paris est accoutumée à charger dans les rues des citoyens désarmés. Et, si malheureusement, c'est la vérité; si la gendarmerie a en effet chargé dans les rues des citoyens désarmés, et si elle a chargé assez souvent pour qu'on puisse dire qu'elle en a l'habitude, à quoi, Messieurs, se réduira ma tâche? Faut-il donc que j'énumère devant vous toutes les charges qu'à différentes époques la gendarmerie a exécutées sur les habitants de Paris? faut-il remonter jusqu'à l'affaire de M. Bavoux et aux événements du mois de juin, et, par ordre de date, vous raconter toutes les scènes déplorables dont nous avons été témoins, depuis cette époque, jusqu'en l'année 1827? Devrai-je vous rappeler celles qui ont accompagné l'arrestation de MM. Duvergier et Fayolle, en 1819; les missions des Petits-Pères, en 1822; l'exclusion de Manuel, en 1823; vous entretenir d'un homme de lettres, de M. Desloges, et de tant d'autres citoyens blessés, comme lui, dans les rues de la capitale, par le sabre des gendarmes? Veut-on, enfin, que je déroule sous vos yeux, un tableau sinistre, où figureraient, au dernier plan, les souvenirs encore récents du cours de M. Récamier? Sur tous ces faits la controverse serait impossible: ils sont de notoriété publique; ils ont été constatés, soit par les procès-verbaux des gendarmes, soit par des instructions judiciaires: c'est donc avec des faits constants que nous avons parlé. Nous n'avons fait que les énoncer, sans même avoir l'intention d'incriminer la gendarmerie, qui, dans toutes ces circonstances, n'a fait qu'obéir aux ordres de ses chefs. Si nous avions dit qu'elle était accoutumée à charger les citoyens, même sans l'ordre de ses chefs, je concevrais qu'on vînt nous demander compte de nos paroles; mais, non, dans notre récit, les chefs seuls demeurent responsables: nous avons même rendu justice aux bonnes dispositions du corps. La prévention, relative à la gendarmerie de Paris, doit donc disparaître tout entière.

Passons à la police. Le ministère public s'est attaché à transporter sur le magistrat qui la dirige, celles de nos imputations qui sont dirigées contre elle. Mais nous n'avons parlé de la police que comme administration, et sans la personnifier. Ce n'est pas sans motif, Messieurs, que je vous soumets cette remarque préliminaire; si l'on s'en rapportait à un article de la *Gazette universelle de Lyon* qui, comme on sait, reçoit ses inspirations de M. Franchet, la conduite du préfet aurait été loin de recevoir son approbation. Il l'aurait blâmé d'avoir eu des égards pour des libéraux. La version de ce journal autoriserait même à croire, que le brusque changement des dispositions de l'autorité, durant la marche du cortége, ne pourrait sans injustice être attribué à la préfecture. Quoi qu'il en soit examinons les phrases incriminées.

Vous les avez, Messieurs, chacune des autorités, chacun des corps qui trouvent place dans notre gouvernement repose sur des principes et des bases qui lui sont propres. Il y a un corps, par exemple, dont l'influence se fonde sur le respect des citoyens; c'est la magistrature, c'est dans l'auréole d'estime et de vénération qui l'entoure, que réside à la fois sa puissance et notre salut.

Mais il est d'autres autorités qui ont moins besoin d'estime que de force; il en est une surtout, placée dans des régions inférieures, et qui est d'une nature toute particulière. Sortie du sein de nos troubles révolutionnaires, elle ne dément pas sa funeste origine; elle ne marche et n'agit que dans l'ombre : elle ne sème et ne recueille que les soupçons et les défiances. Comme la paix intérieure serait mortelle à son influence, elle semble se réjouir de rencontrer des coupables; à défaut d'instruments honorables qu'elle ne trouverait point, elle se sert d'agents subalternes recrutés dans la fange de la société, elle les connaît, elle s'en défie, et cependant par la nécessité de sa position, elle est tenue de leur accorder une aveugle confiance; leurs rapports font sa loi; c'est d'après eux qu'elle agit, qu'elle met ses forces en mouvement, au risque quelquefois de compromettre la paix publique. Cette autorité, c'est la police; quand on prononce son nom, il y a déjà quelque chose qui repousse; cette autorité, Messieurs, ne s'appuie, ne peut s'appuyer que sur la force, sur ses agents, sur ses baïonnettes; elle ne doit point prétendre à l'estime qui entoure la magistrature; l'estime n'est point faite pour elle, elle n'en a pas besoin. Je n'entends pas la dépriser; je ne veux pas non plus agiter l'importante question de savoir si un système de gouvernement comme celui dont nous jouissons, comporte l'existence d'une police politique; si ce genre d'autorité parmi nous devrait avoir d'autre sphère d'action que la voirie, les grands chemins, la recherche des délits et des crimes vulgaires; je veux dire seulement qu'elle ne doit pas prétendre à une considération sans tache; qu'elle ne doit point s'effaroucher d'un langage qui ne serait pas empreint de ce respect dont elle peut se passer. Il lui suffit de la crainte; je la plaindrais si elle s'avisait de cette susceptibilité qui ne souffre point les paroles mal sonnantes. Que dirait-elle donc de ces nombreux discours prononcés contre elle dans les deux chambres? Que dirait-elle de ces écrits politiques, de ces brochures qui paraissent tous les jours? En vérité elle serait constamment en procès, et bientôt vous auriez assez à faire de statuer sur ses plaintes.

Dans la cause, il existe des faits constants. C'est 1° le recueillement, le silence et l'ordre parfait du cortége depuis la barrière des Martyrs jusqu'à celle de Ménilmontant; 2° l'apparition subite de la force armée à cette seconde barrière; 3° l'ordre lu en tête du cortége de transférer le cercueil d'un char sur un autre; 4° le motif de cet ordre, que le char était traîné par des jeunes gens et non par des chevaux.

Deux de ces faits ont été reconnus par le ministère public; si on déniait les autres, nous aurions recours au moyen que nous offre la loi; une plainte contre le préfet de police nous conduirait à une vérification.

Ces prémisses posées, il s'agit de savoir si la police n'a pas induement troublé le cortége, si elle ne s'est pas rendue coupable au moins d'imprudence; si dès-lors nous n'avions pas le droit de lui reprocher sa conduite et de la qualifier.

A-t-elle agi induement? Depuis quelque temps toutes les opinions ont des pertes à déplorer; l'opinion libérale surtout en a fait d'immenses. Moins de deux ans se sont écoulés, depuis que la mort d'un grand orateur plongea dans le deuil l'armée et la nation; la population de la capitale accourut tout entière à ses funérailles. Quelle cérémonie fut jamais plus grande, plus auguste? qui le lendemain eut à se plaindre d'un seul accent de sédition, du moindre fait qui pût porter atteinte aux droits de l'autorité? Tout s'était passé entre le peuple et les restes d'un grand citoyen.

La mort a depuis frappé une illustre victime; cette fois la police a voulu intervenir; faut-il vous rappeler l'indigne profanation qui a souillé la dépouille mortelle d'un pair de France, d'un homme qui avait mérité le titre de *bienfaiteur de l'humanité?* devrai-je ramener vos regards sur les scènes de violences et presque de carnage dont Paris fut le théâtre? qu'on juge cependant par ces deux faits. Laissez agir le peuple, qu'arrive-t-il? au milieu d'un calme imposant, il déploie l'appareil de sa douleur; et je ne sache pas que la douleur soit séditieuse : que l'autorité intervienne, elle menace, elle irrite, le désordre apparaît avec elle, et le lendemain Paris apprend que le cercueil d'un pair de France a été traîné dans le ruisseau.

Mais pourquoi la police intervient-elle? Qui lui a donné le droit de s'occuper du mode de transport des cercueils? Elle invoque un arrêté du 27 germinal an XI, dont l'article 5 porte *qu'aucun transport funèbre ne sera fait désormais à bras mais avec des chars attelés de chevaux.* Ainsi donc il s'agit non d'une loi, mais du simple arrêté d'un préfet. Et c'est contre la violation de cet arrêté que la police réclame: sans doute elle paraît en avoir la lettre pour elle; peut-elle en invoquer l'esprit? Non, et je vais le prouver: en l'an XI, aucune cérémonie n'accompagnait les funérailles: les cercueils étaient abandonnés sans surveillance à des porteurs; de là d'innombrables profanations données chaque jour en spectacle au public. L'autorité crut devoir intervenir, elle créa une administration spécialement chargée des transports funèbres, et décida que cette administration tiendrait des chars à la disposition des citoyens. Quel était son but? De prévenir des scandales et tout ce qui pouvait blesser les convenances, l'ordre public, et le respect dû aux morts. Qu'on ne dise pas que cet arrêté tend à réprimer les honneurs rendus à nos dernières dépouilles; non, il n'y pense pas, il veut empêcher des profanations; cela est si vrai, que dans un décret du 23 prairial an XI, le gouvernement reconnaît aux familles le droit de régler comme elles le désirent, la pompe de ces cérémonies. Ce même décret rétablit les *cérémonies usitées pour les convois selon les différents cultes.* Or si l'usage de porter à bras est une marque de respect, un moyen de témoigner son culte envers la cendre des morts, la police doit le respecter, parce qu'elle est chargée de maintenir et de protéger tout ce qui est culte. Je pourrais me contenter de ces premières notions, et refuser à la police le droit qu'elle prétend tirer de l'arrêté de l'an XI; je pourrais ajouter que l'arrêté a été fait pour Paris; qu'il n'a plus de force au delà des barrières, et que les funérailles se célébraient en dehors des murs. Mais je veux bien reconnaître pour un instant à la police, le droit d'intervention. Voyons ce qu'elle a fait et ce qu'elle avait à faire.

De quoi s'agissait-il? D'une révolte, d'un crime, de la violation d'une loi? Non, d'une simple contravention à un arrêté du préfet de la Seine, pas même à un réglement de police. Et que doit faire la police dans les cas de contravention? Elle doit faire dresser un procès-verbal, et l'envoyer au ministère public, qui fait citer ensuite le délinquant. Ainsi l'autorité judiciaire seule, devait être juge et de l'existence de la contravention, et de la peine à appliquer. Cette peine ne pouvait-être grave : l'arrêté n'en prononce point, le Code pénal pas davantage; et même en supposant qu'une disposition générale pût être invoquée, il ne pouvait pas être question de plus de 3 ou 4 fr. d'amende. Quelle peine cependant infligeait la police, juge et partie en même temps? Le sabre, la mort; oui, la mort, l'ordre sera exécuté, s'écria-t-elle; et si on résiste, cinq cents sabres sont levés..... Voyez-vous ces chevaux furieux qui s'élancent au milieu de la foule; entendez-vous les cris des hommes écrasés, le tumulte, les plaintes, le carnage.... Sans doute la victoire vous fût restée, je veux le croire du moins; en général, dans tous les rassemblements, au premier danger, le plus grand nombre se disperse; mais souvent aussi, il se trouve de ces hommes qui ne savent pas fuir, et s'il s'en fût rencontré! Je vais plus loin; s'ils avaient eu des armes !.... Pour un fait qui n'était pas même un délit, on se serait donc battu sous nos murs! Et le lendemain, vous figurez-vous le deuil des familles, l'effroi, la consternation de tous..... Vous figurez-vous encore l'effet de ces bruits sinistres qui passent la barrière, qui s'étendent, qui se propagent sourdement dans les provinces..... « Le sang a coulé « dans Paris; on s'y bat; l'autorité est menacée! Est-elle la plus forte ?..... Malheureux! dans un temps de partis! (Sensation vive et prolongée dans l'auditoire.)

Oui, reprend avec force Me Mauguin, je n'hésite pas à le dire, l'autorité est coupable d'être intervenue au milieu d'une cérémonie funéraire; elle est coupable d'avoir ordonné de sabrer les citoyens pour une insignifiante contravention à ses réglements; elle est coupable d'avoir compromis la sûreté intérieure et la paix publique. Qu'elle vienne maintenant se plaindre de quelques mots qui l'ont blessée, de quelques piqûres qui ont affecté sa susceptibilité. Nous lui pardonnons ses plaintes et nous lui faisons un reproche plus grave, celui d'avoir exposé la tranquillité du pays; qu'elle nous objecte les mots, nous lui répondons par les choses.

Et quelles sont ces injures, ces diffamations dont elle nous accuse. On lui a reproché d'être *susceptible;* est-ce trop dire d'une puissance qui se formalise de ce qu'un char funèbre est traîné par des hommes au lieu de l'être par des chevaux. On a ajouté *misérablement susceptible;* le niera-t-elle, quand, pour un si mince triomphe, elle met plus de mille hommes en campagne. On l'a appelée *tracassière* : comment ose-t-elle s'en offenser? on lui demande de fixer au *vendredi* le jour des funérailles. — Non, non, *mercredi*. — On insiste. — Eh bien, *jeudi*. — On persiste. — Soit pour *vendredi*. (rires dans l'auditoire), ainsi elle tracasse sur des mots et sur des jours : mais nous avons dit qu'elle était *odieusement tracassière* : pourquoi ne respecte t'elle pas la cendre des morts? Pourquoi semble-t-elle persécuter la dépouille mortelle de l'homme qu'elle avait redouté pendant sa vie. Il y a quelque chose d'odieux dans la tracasserie, lorsqu'elle s'exerce en présence des tombeaux.

Nous l'avons accusée *d'imprudence* : j'ajouterai, moi, d'imprudence coupable : je juge les hommes d'état, comme ils doivent l'être ; en les mesurant à la hauteur de leurs fonctions, il y a plus que de l'imprudence à mettre toujours en avant et sans raison les baïonnettes et les sabres.

Mais, dit-on, vous avez aussi parlé de *lâcheté* : le mot est dur ; je l'avoue. Que l'on songe cependant à la nature des faits qu'il s'agissait de qualifier. Trouvera-t-on par hasard quelque chose de généreux dans l'ordre de charger sur un peuple qui marche désarmé et en silence. Le reproche de lâcheté ne s'adressait pas d'ailleurs à un magistrat, mais à un acte, et la chose est assez grave pour que les blessures de mots disparaissent.

Enfin les auteurs de la brochure ont dit qu'*une pareille conduite avait fait naître l'indignation et le mépris*. Ici ils sont narrateurs ; ils expriment, ils rapportent ce qu'ils ont vu. Une autorité tracassière, menaçante avait arraché des parens et des amis à leur douleur. Comme tout était misérable, on a dû en ressentir du mépris, mais comme à côté il y avait des armes et du danger, on à dû en même temps éprouver de l'indignation. Du reste on n'a pas dit qu'en général la police fut *méprisable;* on a parlé d'un fait et on l'a qualifié. Avant de juger la qualification, il faut donc apprécier le fait. La diffamation suppose nécessairement une intention d'attaquer et de nuire. Les amis de Manuel, illégalement provoqués, n'ont fait que se défendre. Ils avaient été blessés dans leurs sentiments les plus profonds. Partout la dépouille mortelle de l'homme est entourée d'un respect religieux; partout les funérailles sont sacrées. Chez les anciens, les guerres domestiques cessaient durant les solennités funèbres; et chez nous, c'est lorsque des hommages populaires sont rendus à la cendre d'un homme illustre, que l'autorité intervient, irritée et menaçante. Elle voit de la sédition dans les regrets et de la révolte dans les larmes.

J'en ai dit assez sur la police; le ministère public nous reproche en outre des imputations diffamatoires contre *l'administration générale.* Il a cité à ce sujet différens passages, tels que ces mots, de *pouvoir haineux* et d'*animosités de l'autorité* qui s'étendent au-delà même du tombeau : enfin, il vous a signalé l'ensemble de la brochure. Je n'admets pas cette latitude dans l'accusation; aux termes de la loi de 1819, la partie publique est tenue d'articuler ce qu'elle incrimine, sous peine de nullité des poursuites: articulez donc; si vous ne le faites pas, nous n'avons rien à répondre. J'accuse toute la brochure, dites vous : mais c'est impossible: vous n'incriminerez sans doute pas les prépositions, les conjonctions et les adverbes: vous n'incriminerez pas la première ligne : *M. Manuel est mort.*

L'ordonnance qui lie le ministère public est singalière; elle signale plusieurs passages, comme *justifiant encore la prévention*. En matière criminelle, on ne peut admettre ces sortes de justifications; si un passage contient un délit, incriminez-le; s'il n'en contient point, laissez-le de côté. Cette manière d'accuser tout un écrit, sans rien spécifier, est nouvelle. C'est le délit de tendance que des journaux on veut faire descendre dans les brochures.

Nous entrerons toutefois dans quelques explications. On a dit que l'administration s'était montrée haineuse, que *la mort n'avait pas éteint ses animosités contre Manuel*. Personne ne prétendra, je pense, qu'elle lui ait, de son vivant, témoigné beaucoup de bienveillance et d'amour; s'est-elle du moins réconciliée avec son souvenir après sa mort? Les faits sont là pour répondre. Un ami de Manuel n'a pu faire insérer dans les journaux un article nécrologique, écrit pourtant avec une extrême mesure: il n'a pas même été permis d'annoncer le jour et l'heure des funérailles; Manuel mort était à l'index de la censure: or la censure, c'est vous; ce que les censeurs rejettent, vous n'en voulez pas; vos répugnances sont écrites dans les rognures des journaux. Quoi donc! l'administration interdit à l'amitié de jeter quelques fleurs sur la tombe de Manuel, et elle ne veut pas qu'on parle de sa haine! Se piquerait-elle par hasard de n'avoir ni passions, ni antipathies? Mais n'a-t-elle pas elle-même déclaré naguère, par l'organe d'un ministre, qu'elle était *partiale*? Un autre ministre n'a-t-il pas prescrit aux fonctionnaires électeurs de voter suivant sa consigne, sous peine de destitution?

On s'est fortement élevé contre l'improbation exprimée dans la page 25, et présentée sous la forme d'une réticence. A cela, je n'ai qu'un mot à répondre. Les lois de 1819 et de 1822, d'accord avec la charte, garantissent à tous les citoyens le droit de critique contre l'administration. Nous avons le droit de dire, d'écrire et d'imprimer que nous ne l'aimons pas. Nous avons le droit d'en demander une autre. Au sein des chambres on use de cette faculté d'une manière plus large encore. Rappelez-vous les trois projets de loi rejetés d'une manière si éclatante par la chambre des Pairs; rappelez-vous les paroles de condamnation mille et mille fois tombées du haut de la tribune; rappelez-vous les services demandés, et les arrêts rendus; et lorsque le ministère se présente ainsi flétri par les rejets, par des discours parlementaires et par des arrêts de la magistrature, sera-t-il défendu aux citoyens d'appeler de leurs vœux une administration différente?

J'arrive à *l'offense envers la Chambre des députés*; je ne pensais pas que ce chef de prévention dût être soutenu à l'audience. L'ordonnance de la chambre du conseil n'en parle que d'une manière accessoire; elle cite différents passages, et ajoute *qu'ils* PEUVENT *offrir le caractère d'offense envers la Chambre des députés: qu'ils peuvent offrir*, c'est son expression. C'est-à-dire, qu'il y a simple possibilité : ainsi il est possible qu'il y ait offense, il est possible qu'il n'y en ait pas; on laisse la faculté de choisir entre les deux opinions: eh bien, moi, prévenu, je choisis l'opinion qui m'est favorable; et l'innocence prévaut en cas de doute.

Mais je trouve une autre fin de non-recevoir plus décisive encore dans la loi du 15 mars 1822. Aux termes des art. 15 et 16 de cette loi, les chambres ont le droit exclusif de poursuivre l'offense dirigée contre elles; ou du moins il faut qu'elles aient autorisé la poursuite.

Suivant le ministère public, il faut distinguer entre

la Chambre des députés vivante encore, et la Chambre frappée de dissolution; je réponds d'abord que c'est le ministère public qui établit cette distinction; la loi n'en dit mot. Or, en matière criminelle, les distinctions extra-légales ne sont pas admises. Mais, ajoute-t-on, l'offense demeurera donc impunie; car la chambre dissoute n'est pas là pour sévir; je le sais, j'en conviens. Mais par là même que le législateur n'a point voulu établir de moyen de répression au profit d'une chambre dissoute, c'est qu'il n'a point voulu lui en donner; et la raison en est simple. Une chambre frappée de mort politique tombe dans le domaine de l'histoire. Est-ce que l'histoire ne pourrait s'écrire désormais qu'avec la permission de la police correctionnelle? Non, Messieurs, les corps politiques deviennent justiciables des écrivains dès qu'ils n'existent plus comme corps politiques: pour eux la postérité commence; ils comparaissent devant la nation, dépouillés du prestige de la force et du pouvoir. Laissez la chambre de 1823 dans le néant politique où elle est tombée; ses actes seuls subsistent. Ils nous appartiennent et nous avons le droit de les blâmer.

Telle est l'étendue et, en quelque sorte, la sainteté du droit de critique, qu'on en jouit même contre la chose jugée. Certes rien de plus respecté, de plus respectable même qu'un jugement. Et pourtant l'individu lésé par ce jugement l'attaque devant le tribunal supérieur, et alors même que cette juridiction sans appel lui a imprimé un caractère indélébile, l'auteur, le jurisconsulte arrive, qui le critique encore, et soutient que les juges ont eu tort. Ce genre de critique n'est pas même toujours exempt d'aigreur. Est-ce un jugement qui a été rendu contre Manuel? Non sans doute, la chambre aurait été juge et partie. Était-ce un acte administratif? le soutenir, ce serait faire de cet acte une critique amère; car je défie de trouver dans les lois un seul mot et, dans les traditions constitutionnelles, un seul précédent qui le justifié. Or, je vous le demande, si cette mesure ne s'appuie ni sur une loi, ni sur un exemple, si c'est une mesure extraordinaire, ne peut-elle être examinée et qualifiée extraordinairement? Mais, dit-on, vous avez dépassé les bornes. Tenez, lisez; voici la protestation signée par 125 députés de l'opposition de cette même chambre de 1823. « C'est avec une « profonde douleur et une vive indignation, disent-ils, « que nous devons protester contre un acte illégal, « attentatoire à la charte, à la prérogative royale, et « à tous les principes constitutionnels. » Ces expressions, et ce sont les plus douces de la protestation, sont les leurs. Voulez-vous entendre les paroles de M. Royer-Collard, dont tous les partis reconnaissent la modération? Il traite cette mesure de coup d'état. Or, qu'est-ce qu'un coup d'état si ce n'est la victoire d'un parti sur les lois?

Ces mots d'*expulsion triomphale*, qu'on vous a dénoncés, n'ont pas besoin de justification. A-t-on jamais songé à poursuivre les députés et les journaux dont la vive indignation trouva des expressions si énergiques? A-t-on lancé des réquisitoires contre les habitants de Lyon, de Tours et de Grenoble qui apportèrent à Manuel des couronnes : c'était pourtant là, assurément, l'improbation la plus forte et la plus éclatante. Encore une fois, il s'agit ici d'un coup d'état. Le parti qui a la puissance et qui en use doit avoir la sagesse de souffrir la plainte. En 1827, dans une brochure publiée à l'occasion de Manuel et en son honneur, il était impossible de ne point parler du plus grand événement de sa vie politique.

Reste un chef d'accusation, plus grave que tous les

autres, non parce qu'il serait de nature à embarrasser la défense, mais parce qu'il porte sur un magistrat. J'ai lu et relu avec attention le discours qui vous est déféré; je n'y ai rien vu qui pût motiver les inculpations du ministère public. Y a-t-on bien songé, Messieurs? Incriminer des paroles prononcées par un membre de notre haute magistrature! Les signaler comme une provocation à la révolte! Supposer que les lois ont pu être ouvertement attaquées par celui qui a mission de les appliquer! Nous le connaissons tous le magistrat honorable contre qui s'élève une si grave accusation; nous le connaissons par sa courageuse impartialité, par son ardent amour de la justice, et nul ne pourra croire qu'il ait voulu, dans une harangue séditieuse, exciter au renversement de l'ordre public.

M. de Schonen était l'ami de Manuel; tout ce qu'il a dit comme ami est inattaquable; mais il a aussi parlé comme citoyen, et c'est comme citoyen qu'il aurait provoqué la multitude au renversement des lois! Tous les auditeurs ont conservé cependant une attitude calme et recueillie; nul accent, nul indice de sédition, où le discours a été prononcé. La prétendue provocation aurait donc été bien indirecte.

L'orateur a parlé des ennemis de Manuel comme des *éternels ennemis de la France*. Qu'y a-t-il dans cette déclaration d'identité qui puisse exciter à la sédition? Prétendra-t-on que le gouvernement du Roi, que le prince lui-même... je n'ose achever. Non, Messieurs, entrez dans la pensée de l'orateur, pénétrez dans son expression même, vous reconnaîtrez facilement ceux dont il parle, ceux qu'il accuse: c'est à un parti qu'il s'adresse. Et qui oserait supposer que le trône, que le Roi lui-même pussent tenir à un parti? La pensée de l'orateur n'a rien d'équivoque; il dit, en parlant de l'expulsion de Manuel, que *la France entière eût dû protester par d'unanimes réélections.* Il espère qu'aujourd'hui il y aurait plus de fermeté et de zèle; son motif, c'est que les nations se réveillent tôt ou tard, et que pour la France le moment est arrivé. Qu'y a-t-il d'inconstitutionnel dans ces regrets et dans ces vœux? Le souverain n'est-il pas investi du droit d'appeler la nation à des élections générales? Ce droit n'est-il pas inhérent à la couronne? Pensez-vous qu'on offense la majesté royale en la suppliant d'user de sa prérogative? n'est-ce pas au contraire se réfugier auprès d'elle et lui rendre hommage comme à une puissance de conservation et de salut?

On aurait, suivant le ministère public, appelé, excité le réveil du peuple. Vous regretterez, comme moi, Messieurs, qu'une semblable expression soit échappée à M. l'avocat du Roi; elle se rapporte à des doctrines et à des hommes qui n'ont pas d'analogie avec les doctrines et les hommes de notre époque. M. l'avocat du Roi s'est même trompé dans les souvenirs qu'il a voulu rappeler; il ignore sans doute, et son âge le justifie, que le *réveil du peuple* était un champ de réaction qui a ensanglanté tout le midi de la France. Le passage du discours qui donne lieu à ces interprétations est celui-ci : « Les nations comme « les individus ont malheureusement leurs moments « de faiblesse ou d'abandon, mais elles se réveillent. » Quoi de plus vrai, néanmoins, en politique et en morale? Oui, les nations comme les individus ont leurs moments de sommeil; mais elles finissent par se réveiller. L'histoire est là pour en porter témoignage. Pourquoi voulez-vous qu'il s'agisse ici d'un *réveil armé*, d'un appel factieux aux passions populaires? Le réveil qu'invoque l'orateur, c'est celui des citoyens armés du droit électoral; ce qu'il espère, ce sont des élections meilleures; toutes ses paroles expliquent sa pensée ; et lorsqu'il parle de l'*excès de nos maux*, comme devant *assurer notre salut*, il veut dire évidemment, d'une manière moins simple, mais plus noble, que c'est précisément parce que l'opinion nationale a moins de représentants aujourd'hui dans la chambre des députés, qu'aux prochaines élections elle en aura davantage.

Oui, voilà ses espérances, celles que partagent et qu'expriment chaque jour comme lui un nombre immense de citoyens. Si vous les réputez criminelles, il faut élargir votre action, l'étendre d'un bout à l'autre du royaume; vous ne manquerez pas d'individus à traduire en police correctionnelle.

" En voilà assez pour la complète justification de la brochure incriminée et de tous les passages qu'elle renferme. Permettez-moi une dernière observation sur la situation singulière où l'accusation s'est placée à l'égard de mon client, M. Mignet. Les lettres dont j'ai donné lecture au commencement de l'audience, ont effarouché le ministère public. Il ne veut point mettre en accusation ceux qui se dénoncent eux-mêmes. M. Laffitte coupable! s'est-il écrié. C'est impossible. Le rôle qu'il a joué dans la journée du 24 août dément ses propres déclarations. D'après cela, vous aurez cru sans doute, comme moi, que les paroles prononcées par M. Laffitte n'étaient l'objet d'aucune inculpation. Eh bien! non; page 22, on a incriminé des paroles qui sont les siennes, et pourtant on ne lui permet pas de comparaître sur le banc des prévenus. Il en est de même de MM. La Fayette, Manuel et de Schonen. Le ministère public n'abandonne aucune partie du prétendu délit, mais il ne veut pas d'un si grand nombre d'accusés; il recule devant eux, il s'en effraie, et si M. Mignet en parle, il lui reproche de vouloir se mettre sous la protection de leur présence. Non, M. Mignet ne recherche aucune protection; il se protége lui-même par un haut talent et par une réputation déjè faite, à l'âge où les autres la commencent; mais si le ministère public ne poursuit pas ceux des auteurs de la brochure qui se sont déclarés d'eux-mêmes, sans doute c'est qu'il juge que la brochure est innocente. Sa plainte contre M. Mignet doit donc être rejétée.

L'ouvrage que vous allez juger, Messieurs, est un écrit de l'opposition, un écrit du parti populaire. Dans tous les lieux, dans tous les temps, les défenseurs du peuple se sont trouvés en présence des partisans de l'aristocratie; leur lutte perpétuelle a fourni des pages sanglantes à l'histoire de tous les pays. En France, après de longs et cruels débats, la charte est venue, loi de paix et d'alliance, qui a dit aux deux partis de poser les armes et de se réconcilier. Fidèle à cette mission de paix, le gouvernement doit se renfermer dans la sphère des lois, et ne pas en protéger un au préjudice de l'autre. Pourquoi refuser à l'un d'eux le droit d'honorer la cendre de ses défenseurs? Un jour peut-être l'aristocratie aura aussi à consacrer la mémoire de ceux qui l'auront glorieusement servie. Qu'elle sache donc respecter aujourd'hui les funérailles populaires; qu'elle cesse d'engager continuellement des luttes de force et de puissance, et un jour s'établira entre toutes les classes de citoyens une noble émulation d'où sortiront la paix et la prospérité publiques. »

Après cette improvisation brillante et forte qui a duré près de trois heures, le tribunal a renvoyé la cause à huitaine, pour entendre les observations de Mᵉ Renouard, en faveur de MM. Sautelet et Gaultier-Laguionie.

Aussitôt après la levée de l'audience, de nombreuses et bruyantes félicitations ont été adressées à Mᵉ Mauguin; le public l'a associé aux hommages qui ont accompagné MM. La Fayette, Béranger et Labbey-de-Pompierre jusqu'à leur sortie du Palais.

TRIBUNAL DE POLICE CORRECTIONNELLE.

PRÉSIDENCE DE M. HUART. — *Audience du 26 septembre 1827.*

L'affluence des citoyens, qui, dès le matin, se pressaient à la porte de l'audience, était plus considérable encore que mardi dernier; il s'en faut de beaucoup que tous aient trouvé place dans l'enceinte où siége le tribunal. Comme la semaine dernière, on remarquait dans l'auditoire plusieurs personnes dont le nom est connu de tout le monde, telles que MM. Béranger, Kératry, Gilbert des Voisins, Manuel, Thiers, etc., etc., etc.

Dès l'ouverture de l'audience, M. le président a accordé la parole à celui des deux défenseurs qui n'avait point encore été entendu.

*M*e. *Renouard* s'est exprimé en ces termes: « Messieurs, huit jours écoulés depuis votre première audience n'auront point effacé l'impression que les débats ont dû produire sur vos esprits. L'accusation dont l'urbanité n'a étonné nul de ceux qui connaissent la courtoisie habituelle de l'organe du ministère public, s'est montrée plus sévère dans ses conclusions que pressante dans ses arguments. Mon éloquent confrère, dans une plaidoirie aussi complète que lumineuse, l'a renversée et détruite; il en est bien peu de parties, s'il s'en trouve, qui soient restées debout, et qui aient un besoin sérieux de mes attaques.

Ce qui vous aura surtout frappés, c'est l'empressement de tant d'hommes honorables à revendiquer leur part de responsabilité dans les poursuites dirigées contre une publication qui est en partie leur ouvrage; c'est la généreuse fermeté de M. Miguet, qui, sans faste et sans faiblesse, ainsi qu'il convient à une conviction sincère, a soutenu son bon droit, sans invoquer d'appui, et acceptant tout entière une responsabilité que d'autres voulaient partager avec lui. Je ne saurais désormais à quels signes reconnaître l'amour du bien et le sentiment d'une conscience irréprochable, si cette manière d'agir et de parler était celle des diffamateurs.

La justification de l'imprimeur traduit devant vous pour avoir imprimé l'ouvrage sur lequel vous avez à statuer, n'impose à la défense qu'une tâche bien légère; quant au prétendu éditeur, je n'en parle point, il n'y en a pas : M. Sautelet n'a joué qu'un rôle de pure complaisance et d'amitié; ce point est parfaitement établi, et vous aurez sans doute ainsi que nous, pensé que M. Sautelet ne figure au procès que pour mémoire. Il l'en faut écarter.

Quels sont les motifs qui ont porté le législateur à associer, dans certains cas, l'imprimeur à la responsabilité de l'auteur? le principal se fonde sur la nécessité « d'éviter le scandale de ces libelles « impies ou diffamatoires, œuvre informe d'écrivains « sans nom dont la plume ignorée est toujours à « vendre à vil prix, et dont l'esprit double et peu « scrupuleux est toujours prêt à seconder les desseins « de quiconque a résolu de spéculer sur la malignité « publique, ou de détruire la réputation d'un « homme de bien. » J'emprunte ces paroles à un homme qui ne doit pas être suspect de partialité en faveur de la presse, et qui même a suffisamment fait preuve d'inimitié contre elle; c'est M. de Peyronnet qui les a prononcées, en présentant à la Chambre des pairs son projet de loi sur la presse qui vivra si longtemps dans les souvenirs du pays.

Certes, Messieurs, dans la cause, les garanties ne manquent pas à ceux qui réclament à l'envi la responsabilité de l'ouvrage incriminé. Le ministère public n'a pas lieu de craindre de ne rencontrer que des écrivains sans nom et sans consistance sociale. Il n'a pas à craindre que les vrais auteurs se cachent, afin de se substituer des éditeurs responsables qui rendraient toute pénalité illusoire; ici les auteurs sont bien connus au ministère public; il en trouve plus qu'il n'en veut. La responsabilité de l'imprimeur repose sur un autre motif; on ne croit pas juste de le laisser impuni, lorsqu'il a imprimé sciemment un ouvrage dangereux, lorsqu'il a uni une intention coupable à l'intention coupable de l'auteur. Voyons si ce motif pourrait être invoqué; et supposons un instant, moins pour le besoin de la cause que pour acquitter complètement le devoir de la défense, que la publication sortie des presses de M. Gaultier-Laguionie soit en effet condamnable, ce que je suis très-loin d'accorder. Eh bien! dans ce cas même, M. Gaultier-Laguionie pourrait-il être considéré comme solidaire de l'auteur? oui, suivant le ministère public, et pour deux raisons : parce qu'il a pris connaissance des épreuves, et parce qu'il a fait supprimer divers passages qui lui auraient paru trop véhéments.

Vous savez, Messieurs, en quoi consiste la correction des épreuves; elle ne porte guère que sur les fautes typographiques; et d'ailleurs l'ouvrage était imprimé; et sans parler des frais déjà déboursés, M. Gaultier-Laguionie pouvait-il reculer au risque de blesser les personnes qui l'avaient chargé de l'impression, et dont le nom seul était pour lui une si forte garantie.

Quant à ces suppressions dont on a cru pouvoir tirer parti, elles n'ont en réalité fait disparaître qu'un seul passage indifférent; mais j'admets l'assertion du ministère public, je veux bien que les passages supprimés aient en effet paru trop véhéments à l'imprimeur. M. l'avocat du Roi en conclut qu'il est coupable; et moi, j'en conclus qu'il est innocent, et je ne veux pas d'autres preuves : en effet, Messieurs, s'il n'a point demandé d'autres suppressions dans la brochure, c'est que les autres passages lui paraissaient à l'abri de tout reproche, de toute incrimination : dès-lors il était de bonne foi, dès-lors il est irrépréhensible. Et qu'on ne dise pas que la question intentionnelle n'est point applicable aux délits de la presse. Une fois, à la vérité, le tribunal de police correctionnel l'a jugé ainsi; mais sa décision a été réformée; et la cour royale a pensé que l'on avait pu, sans délit, émettre une doctrine qui, d'après elle, était erronée, mais que l'on exposait dans des intentions pures. C'est dans la mémorable affaire de mon confrère et ami Isambert. Ainsi l'accusation elle-même me fournit un argument décisif en faveur de mon client; ainsi, un tribunal même auquel l'ouvrage paraîtrait punissable, renverrait indubitablement l'imprimeur de la plainte.

Votre conscience, Messieurs, serait déterminée par une autre considération non moins puissante : dans les procès de cette nature, l'imprimeur ne joue qu'un rôle fort accessoire, si l'on ne considère que la moralité de l'affaire, parce que en effet sa pensée n'y entre que pour fort peu de chose; mais, si l'on envisage le dénouement, le résultat du procès, l'imprimeur devient l'accusé principal. La plus légère condamnation l'expose à la perte de son industrie, de sa fortune, de son avenir. Aux termes de la loi d'octobre 1814, conçue, il est vrai, à une époque où les uns ne savaient point encore, et où les autres ne savaient plus guères apprécier les véritables éléments d'une législation constitutionnelle, l'administration a la faculté exorbitante de retirer arbitrairement leurs brevets aux imprimeurs et libraires qu'a frappés la plus minime condamnation judiciaire. Vous ne consentiriez pas, Messieurs, à placer M. Gaultier-Laguionie sous le coup d'une si cruelle catastrophe, dont la menace serait pour lui plus effrayante que pour tout autre; car le brevet qu'il a entre les mains a été retiré à M. Dupont son predécesseur, et lui rappelle sans cesse combien peut devenir fatale à un imprimeur l'animadversion de l'autorité.

Mais j'ai besoin de sortir d'une hypothèse qui me répugne, qui me fatigue; il me serait pénible de prolonger une fiction qui me condamne à excuser ce que j'approuve; il me tarde de vous dire que, bien loin de réputer coupable la brochure qui vous est déférée, je la trouve digne d'éloges. Après la discussion lucide et forte de Me Mauguin, il me reste peu de choses à dire pour le prouver.

Ici Me Renouard résume les principaux chefs de l'accusation, dans l'examen de laquelle il annonce vouloir suivre l'ordre adopté par le ministère public. Il commence donc par les cinq passages où les auteurs de la Relation parlent des *précautions haineuses de l'autorité; de ses animosités contre Manuel*, etc. Dans l'origine ils étaient signalés comme contenant le délit d'excitation au mépris et à la haine du gouvernement; ce chef de prévention a été abandonné, mais comme il ne fallait pas, dit l'avocat, que les phrases incriminées fussent tout-à-fait perdues, l'assignation les a signalées comme *justifiant encore la prévention*, sans dire sur quel chef, faisant ainsi servir les cinq passages à fortifier, suivant le besoin, soit le délit de diffamation et d'outrage envers l'autorité, soit le délit d'offense envers la chambre des députés de 1823, soit le délit de provocation à la révolte.

Arrivant, après quelques autres détails, au délit d'offense envers la chambre qui a prononcé l'expulsion de Manuel, Mᵉ Renouard fait valoir avec une nouvelle force les fins de non-recevoir sur lesquelles s'était déjà appuyé Mᵉ Mauguin. Eh! quand donc, s'écrie-t-il, commenceraient les droits de l'histoire? Que deviennent ses prérogatives? quoi! il est de principe que nulle action n'appartient aux héritiers pour venger la mémoire de leur auteur même contre des imputations calomnieuses? Vous vous rappelez les indignes outrages qui naguère avaient été déversés sur la mémoire de Lachalotais; les juges, par respect pour les droits de l'historien, inviolables alors même qu'il en abuse, crurent devoir repousser la plainte des petits-fils de l'illustre procureur-général, et il ne serait pas permis de citer devant le tribunal de l'histoire une assemblée législative qui du jour où elle a été frappée de mort politique, est tombée tout entière dans sa juridiction! dans ce cas, M. Mignet serait bien plus coupable qu'on ne vous l'a représenté, et il aurait dû depuis long-temps comparaître devant vous; car il est l'auteur d'une admirable histoire de la *Révolution française*, et dans cet ouvrage, il a distribué avec une sévère impartialité l'éloge et le blâme aux diverses assemblées délibérantes qui se sont succédées sur notre scène politique.

Après avoir discuté succinctement, mais avec force, le chef de prévention qui concerne la gendarmerie de Paris, Mᵉ Renouard passe à l'examen des imputations dirigées contre la conduite de la police, et sur lesquelles avait fortement insisté le ministère public. Notre droit public, dit-il, ne reconnaît qu'un seul pouvoir irresponsable. Les ministres sont responsables, du moins en principe; que la police, leur subordonnée, souffre à son tour, du moins en paroles, la responsabilité de ses agents et de ses actes. L'article 4 de la loi du 25 mai 1822, reconnaît le droit de discussion et de censure des actes des ministres, l'article 5 que l'on invoque en faveur de la police, est dominé par la même exception. La brochure, dont l'ensemble porte le caractère de l'impartialité, loue l'autorité, rarement il est vrai, mais autant qu'elle le peut. Elle est écrite, non pas en haine de la police; mais avec indignation contre un de ses actes. Ici, dit le défenseur, je dois exprimer ma pensée tout entière, c'est que les expressions employées, loin de me paraître répréhensibles, sont tout au plus au niveau des faits qu'il s'agissait de qualifier. Reportons-nous, Messieurs, sur la scène des événements. Une agitation assez vive s'était d'abord manifestée à la barrière du Roule, au moment de l'arrivée du convoi attendu par une foule immense; on voulait porter le corps à bras, la force armée s'y opposait : « Il était difficile au milieu de ce « tumulte d'obtenir ou des jeunes gens qu'ils posassent « le corps sur le char funèbre, ou des gendarmes qu'ils « le laissassent passer, porté de cette façon. Cependant grâce à l'intervention des amis et des parents de Manuel, une transaction a lieu : « Le commissaire de « police, le détachement de gendarmes qui s'étaient « opposés au passage et un officier d'état-major qui « commandait cette force armée, consentirent à cet « arrangement; ils avaient les intentions les meilleures « et les plus conciliatrices. » J'emploie les termes mêmes de la Relation, et remarquez-le bien, Messieurs, cet arrangement obtient la sanction de toutes les autorités, de l'autorité civile représentée par le commissaire de police, de l'autorité militaire, représentée par l'officier d'état-major, et enfin de l'autorité civile et militaire, représentée par le chef de la gendarmerie. Tous avaient donné leur assentiment à une transaction qui n'avait rien que de sage, et qui seule pouvait assurer le maintien de la paix publique. Aussi tout se passe dans un ordre parfait; durant une heure et demie le cortége s'avance dans le plus profond recueillement. On arrive ainsi à la barrière Ménilmontant; là se présentent deux escadrons de gendarmerie, flanqués de plusieurs détachements de gendarmes à pied; ils sont rangés en bataille, ils arrêtent le cortége, et lui notifient de nouvelles conditions; il faut que le cercueil soit placé sur un autre char qui est là tout prêt, attelé de chevaux; il faut que ce char ne soit point traîné à bras. Les armes à la main, on exige une nouvelle concession.

Il y a ici, Messieurs, violation de l'arrangement auquel avait consenti l'autorité elle-même. Comment cette rétractation de la promesse donnée n'aurait-elle pas irrité la multitude? les masses sentent comme les individus, et rien ne révolte davantage que le manque de foi aux engagements pris. Certes une telle conduite est condamnable: certes les expressions dont on s'est servi pour la qualifier ne sont point au-dessus de la vérité: car, je n'hésite pas à le dire, c'est une illégalité criante, et ce reproche est le plus grave qu'on puisse adresser à l'autorité, en présence des magistrats.

Écoutez les détails de cette scène affligeante. Diverses interpellations sont adressées au chef de la force armée. « — Que voulez-vous donc faire, lui de« manda quelqu'un du cortége? — Exécuter mes or-

« dres. — Vous voulez donc troubler le convoi ! nous « avançons avec le commissaire de police dans un « ordre qu'il est impossible de changer. Comment « voulez-vous que nous nous fassions entendre de qua- « rante mille personnes? — Que le corps soit placé « dans un corbillard.—Il y est.—Mais vous le traînez. « — Nous sommes avec des magistrats qui y ont con- « senti, nous ne céderons pas, que ferez-vous?—Nous « marcherons. — Vous nous sabrerez! — Tant pis « pour vous. —Attendez au moins le commissaire de « police et M. Laffitte que l'autorité elle-même a chargé « d'interposer son influence en cas d'altercation. — « Nous n'avons pas d'ordre à recevoir de ces messieurs; « nous avons celui du préfet. »

Qu'on ait refusé l'arbitrage de M. Laffitte, bien que M. le préfet de police eût lui-même réclamé son intervention, cela se conçoit à la rigueur; M. Laffite n'avait point là de caractère public. Mais le commissaire de police avait ce caractère, il représentait l'autorité civile; c'est en vain pourtant qu'il intercède; il a beau louer la *décente régularité du convoi*, il a beau *répondre de l'ordre*, et assumer la responsabilité des événements, *on n'a point d'ordre à recevoir de lui.* Voilà ce qu'expose l'auteur du récit, et c'est alors qu'on ajoute : « Il y a une coupable imprudence et de « la lâcheté à donner, de la préfecture de police, « loin des lieux, des événements et du danger, un « ordre pareil; si M. Delavau était ici, il renoncerait « lui même à l'exécuter. »

L'on n'a pas d'ordre à recevoir du commissaire de police! Je sais qu'il est subordonné par ses fonctions au magistrat duquel émanaient les nouveaux ordres; mais, Messieurs, je vous le demande, lorsqu'à chaque instant la scène change de face, que les événements se succèdent et se compliquent avec tant de rapidité, et d'une manière si effrayante; quel est le magistrat dont l'autorité doit être prédominante, si ce n'est celui qui, présent sur les lieux, témoin des faits, peut apprécier l'imminence du danger, et l'opportunité comme la convenance des mesures à prendre? C'est à celui-là que foi est due; on a le droit de reprocher une grave illégalité au commandant de la gendarmerie; et j'ajouterai qu'en cette occurrence, le devoir, ou du moins la prudence du magistrat supérieur lui commandaient de venir sur les lieux, en personne et décoré de ses insignes; là, il aurait vu de ses yeux, et mesuré ses ordres sur les nécessités du moment. Si l'on n'admet point cette manière d'envisager les devoirs du magistrat, on abandonne tout à la discrétion du préfet de police, tout, jusqu'au droit de mettre Paris en état de siége. (Vive sensation dans l'auditoire.)

Quand j'examine la cause sous ce point de vue, et c'est là son point capital; quand je songe que cette conduite si peu honorable a failli provoquer d'incalculables malheurs, je ne puis me défendre de croire que l'autorité a voulu prendre l'offensive, pour éluder les embarras de la défense. Mes souvenirs se reportent involontairement sur les funérailles déplorables du duc de La Rochefoucauld, lorsqu'elle a ordonné une enquête qui n'a pas eu de suite, pour éviter l'enquête bien autrement sérieuse qu'exigeait la pairie outragée. Enfin, Messieurs, en présence de tels faits, je ne puis m'empêcher de dire que les auteurs de la Relation n'ont pas été trop loin dans l'expression d'un blâme légitime.

Parlerai-je de cette provocation à la rébellion que le ministère public a aperçue dans l'un des discours prononcés sur la tombe de Manuel; à cet égard, je ne puis qu'insister sur ce qu'a dit mon confrère; c'est que toutes les paroles aussi bien que le caractère de l'orateur protestent contre l'interprétation qu'on leur a donnée; lisez ce discours: examinez-le attentivement; il vous sera impossible de ne point reprocher à l'accusation un énorme contre-sens dans la traduction qu'elle en a faite: « *La France entière*, dit l'orateur, « *eût dû protester contre cet outrage par d'unanimes* « *reélections :* » plus loin, il dit encore*:* »*tu as été le* « *digne élu de la patrie, et nous n'en serons pas* « *d'indignes enfants!* » Partout se présente et revient cette idée d'un changement dans les élections: l'orateur provoque en effet à une révolution, mais à une révolution électorale. Eh, messieurs, je ne crois pas commettre un délit à l'audience, en proclamant que je partage avec des millions de citoyens cet ardent désir d'une révolution électorale (mouvement dans l'auditoire). Enfin l'accusation est jugée par les faits: ce discours prononcé avec la chaleur d'ame que nous connaissons à celui qui l'a composé, n'a excité que d'irréprochables et généreuses émotions : l'interprétation que lui donne froidement le ministère public, n'est pas celle que lui ont donnée les innombrables auditeurs dont les sentiments étaient si bien en harmonie avec ceux de l'orateur lui-même.

J'ai été beaucoup plus loin que ne l'exigeait l'intérêt de l'imprimeur dont la défense m'est confiée. Il serait inutile d'insister sur ce qui le concerne personnellement. Non-seulement il sera acquitté par vous; mais son acquittement ne sera qu'une conséquence nécessaire de la décision que vous allez rendre: votre sentence sera d'accord avec l'opinion des appréciateurs les moins enclins à l'exagération. Je terminerai en citant une autorité qui n'a rien de suspect: c'est le sentiment exprimé par le plus modéré des journaux ministériels de la Grande-

Bretagne : voici ce qu'écrivait le *Courrier anglais*, ce qu'ont voulu reproduire le *Courrier français et le Journal des Débats*, ce que la censure a supprimé, et ce qu'a fait revivre la dernière brochure de M. de Salvandy :

« On trouvera dans notre feuille un récit détaillé des obsèques de M. Manuel. La narration n'est pas sans intérêt, mais quelque curiosité qu'elle eût excitée dans des temps ordinaires, elle se trouve dix fois accrue par le fait seul de la suppression que le gouvernement français a cru devoir en ordonner. Nous lisons dans la *Gazette de France* que cela a eu lieu à cause des discours incendiaires prononcés sur la tombe de M. Manuel, et dans ces discours nous ne trouvons rien qui justifie les alarmes qu'ils ont excitées, rien qui en Angleterre déterminât le gouvernement à témoigner *cette sensibilité de maladie*, (*morbid sensibility*).

Ainsi, les journaux ministériels anglais considèrent comme *sensibilité d'un malade* l'irritabilité de nos hommes d'état, et les satisfactions rigoureuses qu'ils se croient autorisés à demander en justice. Vous ne partagerez pas ces dispositions, Messieurs, vous pardonneriez beaucoup aux brochures, alors même qu'irritées par le servage des journaux, elles contiendraient des expressions trop amères. Celle qui vous est déférée, n'encourt pas même ce léger reproche : si les paroles qu'elle emploie sont sévères, c'est qu'il s'agit de qualifier des actes que tout homme de bonne foi, réputera condamnables. (Mᵉ Renouard s'est assis au milieu des murmures d'une approbation unanime.)

M. l'avocat du Roi de La Palme se lève aussitôt pour répliquer : Messieurs, dit-il, nous devons ramener la discussion dans le cercle étroit où l'inculpation l'avait placée. Trois chefs de prévention avaient été établis par nous : outrages et diffamations envers des autorités constituées ; provocation à la rébellion ; offense envers la chambre des députés de 1823 ! Ont-ils été détruits par la défense ? Nous ne le pensons pas.

On outrage, on diffame les magistrats alors qu'on les représente comme animés de passions *haineuses*, *d'animosités* que la mort même ne désarme pas, et comme donnant à leurs agents des *missions provocatrices*. C'est ce qu'a fait l'auteur de la Relation. Qu'a répondu la défense ? Elle a établi une distinction bien étrange, que nous sommes loin toutefois de repousser entièrement ; elle a réclamé pour la magistrature judiciaire le privilége de l'honneur et de la considération publique. Nous nous associons aux hommages rendus à cette magistrature, qui sait tous les mériter en fermant l'oreille aux adulations pour n'écouter que les inspirations de sa conscience qui sont toujours celles de la vérité. Mais est-ce donc une raison pour que d'autres magistrats, d'autres fonctionnaires soient rejetés dans le mépris et l'avilissement ? En existe-t-il, en effet, qui n'aient besoin que de la force, et qui soient réduits à se retrancher derrière les sabres et les baïonnettes comme derrière leur unique rempart ? Nous aurions voulu entendre un tout autre langage sortir de la bouche du défenseur ; il lui aurait mieux convenu de dire qu'il n'y a point de force assez puissante pour suppléer l'estime, que sans cet appui de la considération publique, elle est tôt ou tard anéantie, et qu'en un mot la force physique n'est rien sans la force morale. Que deviendrait l'autorité s'il était permis de la présenter sous de telles couleurs ? Que lui resterait-il d'action et de puissance, au milieu des crises politiques, si, calomniée dans l'opinion des citoyens, elle ne paraissait obéir qu'à des passions haineuses, n'aspirer qu'à l'exercice du despotisme ? A l'aide de ces injustes distinctions, on a voulu déshériter la police de toute considération; à peine si on a amnistié la police dite de sûreté. Sans doute, quand on descend au dernier échelon des agents qu'elle emploie, on n'y trouve guère que des hommes dénués de droits à l'estime publique; mais n'est-ce point une raison de plus pour investir de votre confiance les magistrats qui dirigent cette administration? Serait-il vrai que la police de sûreté dût seule trouver grace dans l'opinion générale? La police politique ne serait-elle pas établie dans l'intérêt de la sûreté publique; et dès-lors n'aurait-elle pas droit aussi à quelques hommages? Si elle veillait en effet pour le salut de l'État, si elle travaillait à déjouer des intrigues et des complots tramés dans l'ombre par les ennemis toujours trop nombreux de l'ordre social, si tel était le but de son institution, et qu'elle se montrât fidèle à cette mission difficile et importante, ne devrait-elle pas obtenir sa part d'estime et de reconnaissance? Disons-le : tous ceux qui remplissent des fonctions publiques ont droit à la considération, et doivent être protégés contre les attaques qui tendent à les en déposséder injustement.

Les principes qu'on a posés relativement à la diffamation contre les dépositaires de l'autorité, nous les admettons sans réserve : oui, usez du droit de critique, articulez des faits; qu'ils soient prouvés; discutez-les, deversez le blâme sur les actes condamnables et sur leurs auteurs; mais n'injuriez point; ne diffamez point; car la loi ne permet ni la diffamation, ni l'invective. Or, encore une fois, où sera l'invective si elle ne se trouve point dans vos imputations *de précautions haineuses, d'animosités, de coupable imprudence, de lâcheté, de mission provocâtrice.*

Mais, dit-on, pourquoi faire intervenir la force

armée pour l'exécution de réglements qui ne sont même pas incontestablement obligatoires? Pourquoi déployer cet appareil menaçant, et mettre en danger la vie d'une foule immense de citoyens, pour une légère contravention, tout au plus punissable d'une amende de trois francs....? Nous ne dirons rien sur la force obligatoire de l'arrêté de germinal an XI; partout, dans la brochure même, on reconnaît que l'autorité avait le droit d'en exiger l'exécution.

En partant de cette hypothèse d'une simple contravention on vous a déroulé un tableau dont l'éloquence des défenseurs a su tirer parti. A tout cela nous répondrons : vous ne voyez là qu'une légère contravention de police; mais nous y voyons, nous, un intérêt bien autrement grave, et tel que l'autorité n'aurait pu le compromettre, sans assumer la plus terrible responsabilité. Rien de plus dangereux que de laisser le peuple s'installer en maître sur la place publique, dicter ses lois, imposer ses caprices à l'autorité, et s'emparer d'une puissance devant laquelle toutes les autres fléchissent. Ce pouvoir, Messieurs, est celui qui a fait couler des flots de sang dans nos cités! Il fallait que les désordres cessassent: autrement l'autorité fût tombée sous le coup d'une juste et grave accusation. Que ses mesures aient été inopportunes, mal prises; à cet égard les écrivains ont le droit de libre discussion; mais qu'ils s'arrêtent là où commence l'invective et la diffamation.

La force armée n'intervient, dit-on, que pour troubler l'ordre; quand le peuple est abandonné à lui-même, tout se passe d'une manière édifiante : à peine les portes du cimetière ont-elles été fermées, qu'on a vu renaître la tranquillité et le plus religieux recueillement. Ici je vous arrête, et je produis sous les yeux du tribunal un procès-verbal qui constate les scandaleuses profanations dont le cimetière de l'Est a été le théâtre : oui, des sépulcres ont été foulés aux pieds, des barrières renversées, des colonnes brisées; plus de vingt profanations de cette nature ont eu lieu. Voilà cette tranquillité, ce recueillement qui reparaissent dès que la force n'est plus là! N'ai-je pas le droit de vous interpeller à mon tour, et de vous demander si les honneurs rendus à une cendre autorisent la profanation des cendres voisines? Il n'est pas un de nous, Messieurs, qui n'ait accompagné dans cette lugubre enceinte la dépouille d'un parent ou d'un ami; s'il apprend qu'à l'occasion des hommages rendus aux restes de M. Manuel, les cendres qu'il chérissait ont été foulées aux pieds, n'accusera-t-il pas l'imprévoyance de l'autorité? Ne dira-t-il pas que la force armée aurait dû s'introduire dans le cimetière, et prendre les ombres sous sa sauve-garde? Le procès-verbal, que nous soumettons aux magistrats, prête une déplorable autorité à nos accusations.

Nous avions signalé le délit de provocation à la rébellion dans les différents passages d'un discours que l'auteur de la *Relation* a reproduit. On s'est retranché sous l'égide du magistrat qui l'aurait prononcé, c'est précisément ce magistrat que nous ne voulons pas voir. Nous croyons en effet que la provocation à la révolte ne se trouvait point dans son discours tel qu'il l'a prononcé; mais cette provocation est manifeste dans ce discours tel que vous l'avez mutilé; l'orateur ne parlait sans doute que d'un changement électoral; vous n'évoquez que les passions populaires; toute autre interprétation est inadmissible, pour peu qu'on examine l'ensemble du discours et surtout qu'on le rapproche d'un autre passage de la brochure, où se trouve exhumée l'effrayante doctrine de la *souveraineté du peuple*.

On nous reproche d'incriminer aussi l'ensemble de l'ouvrage; c'est là, dit-on, créer un délit *de tendance contre les brochures*. On nous attaquerait avec bien plus de justice, si nous ne dénoncions que des phrases isolées? Est-il loyal, nous dirait-on, de disséquer ainsi un discours; c'est l'ensemble qu'il faut regarder. Avec un orateur dont le témoignage n'est pas suspect, on nous reprocherait d'arrêter nos regards sur quelques points tronqués, au lieu d'embrasser l'ensemble des idées et leurs rapports entre elles.

M. l'avocat du Roi revient ensuite au chef de prévention qui concerne la chambre des députés de 1823; il entre d'abord dans quelques explications au sujet des vices de forme qui entâcheraient la procédure. Si la chambre du conseil s'est bornée à signaler divers passages comme *pouvant justifier* le délit d'offense envers la chambre, cette forme dubitative n'infirme en rien les droits de l'accusation; le tribunal n'en est pas moins saisi régulièrement, et c'est à lui qu'il appartient de prononcer.

M. l'avocat du Roi reproduit ensuite les considérations qu'il avait déjà développées pour établir cette partie de la prévention. En vain prétend-on que le ministère public aurait distingué alors ce que la loi ne distingue pas : par cela même que la loi ne parle pas des outrages dirigés contre une chambre dissoute, elle classe ces outrages dans la catégorie de ceux que le ministère public peut poursuivre d'office. Quant aux prérogatives de l'histoire, on les invoque prématurément; les moments historiques ne sont point encore venus. Le lendemain de la dissolution de la chambre de 1823, personne n'eût osé prétendre aux franchises réclamées aujourd'hui en faveur de la diffamation et de l'insulte. Ce qui n'eût pas été permis alors, ne doit pas l'être au bout de 5 ans : la plupart des membres de la chambre de 1823 vivent encore; la plupart même exercent des fonctions publiques. Faut-il les abandonner sans défense aux outrages qui leur seraient prodigués à raison de cette période écoulée de leur carrière politique?

M. l'avocat du Roi termine par de nouvelles explications sur les motifs qui ont porté le ministère public à ne point associer aux poursuites contre M. Mignet les différents personnages qui demandaient à partager la responsabilité du prévenu.

Il déclare enfin persister dans ses conclusions; à l'égard toutefois de l'imprimeur et de l'éditeur en faveur desquels militent quelques circonstances atténuantes, il s'en rapporte à la prudence du tribunal pour la modération de la peine.

Me. Mauguin se lève aussitôt, et porte la parole en ces termes :

Messieurs, vous n'avez pas à juger un simple procès de diffamation et d'outrages; ce sont les libertés publiques même qui sont mises en question; vous avez pu vous en convaincre à la dernière audience, et quelques mots que j'ajouterai vous le prouveront plus encore. Je soutiens que l'autorité n'avait pas le droit d'intervenir aux obsèques de M. Manuel; je soutiens encore que, dans tous les cas, elle ne pouvait employer la force ni même la menace; je soutiens enfin qu'elle a été provocatrice, et que les expressions dont elle se plaint seraient excusables, lors même qu'elles auraient dépassé le droit constitutionnel de critique et de censure.

Je dis qu'elle n'avait pas le droit d'intervenir aux obsèques de M. Manuel. Et, en effet, qu'importe à la loi, qu'importe à la sûreté publique qu'un char funéraire soit traîné par des chevaux, ou par des citoyens qui veulent rendre un plus grand témoignage de leurs regrets. L'autorité se fonde sur l'arrêté de l'an 11; lors de ma première plaidoirie, je ne l'avais pas sous les yeux; je l'ai maintenant, et j'y ai trouvé une ample confirmation de tout ce que j'avais avancé. Alors il n'existait, en France, ni culte, ni cérémonies extérieures. La dépouille des morts était abandonnée à des porteurs salariés, et souvent le cercueil confié à leurs soins restait délaissé sur la voie publique. Dans le préambule de son arrêté, le préfet de la Seine s'élève contre cette *nudité des sépultures :* « Les institutions funéraires, dit-il, sont un des premiers besoins de la civilisation..... Il est digne de la première « ville de la République de commander, par son « exemple, *la décence des inhumations*, et surtout « de consacrer, comme un devoir de piété communale, « *le soin de la sépulture du pauvre.* » En conséquence il arrête, art. 1er, 2e, 3e et 4e, qu'il sera établi, hors de la ville de Paris, trois enclos de sépulture; qu'au centre de chacun de ces enclos, il sera élevé un luctuaire ou salle de deuil, et que, dans la ville, il sera érigé six temples funéraires pour servir de dépôt avant le transport. Vient ensuite l'art. 5 : « Aucun transport funèbre ne sera fait désormais à bras, mais avec char attelé de chevaux. »

Cette disposition se rattache essentiellement à ce qui précède; elle a été prise dans l'intérêt de la *décence publique*, comme un devoir de *piété communale* envers le pauvre, et pour environner de quelques honneurs *sa sépulture.* S'il était besoin de l'établir, j'en trouverais la preuve dans l'art. 6, portant que la commune de Paris fera les frais de transport pour l'indigence; je la trouverais surtout dans l'art. 8 du §. 1er et dans le §. 2 art. 23.

Le 1er de ces deux articles porte : « Le mode ordi-« naire des obsèques pourra, au gré des familles, « être augmenté *de tout ce qu'elles jugeront propre à « le rendre plus solennel*, sans contrevenir aux lois. »

Le second : « Conformément aux dispositions de « l'art. 8 du §. 1er du présent arrêté, les parents, hé-« ritiers et autres intéressés, pour qui le soin de ré-« gler particulièrement la forme des obsèques de la « personne décédée, *est à la fois un droit et un de-« voir*, pourront ajouter au mode ordinaire ci-dessus « établi, *tout ce qu'ils jugeront propre à le rendre « plus solennel*, sans contrevenir aux lois. »

Dans ces dispositions, il s'agit des familles riches et des morts illustres. Dit-on cependant que le transport à bras restera défendu ; non sans doute, car le transport à bras peut devenir un honneur, et une solennité de plus ; or, d'après l'arrêté, les parents restent maîtres de faire tout ce qui peut donner plus de solennité au cortège. Tel est aussi le sens, tel est aussi le vœu, non plus d'un simple arrêté administratif, mais des décrets des 12 juin 1804, et 18 mai 1806, que je vous ai lus à la dernière audience. Et ce qui forme encore aujourd'hui la loi de la matière, c'est qu'en l'an 11, en 1804, en 1806, l'autorité s'attachait à proscrire la *nudité* des sépultures et non les hommages de l'amitié ou de la reconnaissance ; c'est qu'elle voulait rétablir la morale publique, et non restreindre dans leur essor les sentiments les plus généreux ; c'est qu'enfin elle voulait empêcher d'insulter et non de rendre honneur à la cendre des morts.

Que la police laisse donc l'arrêté de l'an 11, qu'elle cesse de s'en faire un titre pour troubler les funérailles ; la force publique ne doit point se montrer où sont les larmes et la douleur.

Je suppose cependant que cet arrêté lui ait donné le droit d'intervention, et que le transport à bras soit prohibé dans tous les cas. Je soutiens du moins et c'est ma seconde proposition que la police ne pouvait ni employer la force ni même en faire la menace.

Ici une grande question s'élève; il s'agit de savoir dans quel cas, pour assurer l'exécution de ses ordres, l'autorité peut recourir à la puissance de ses armes.

L'autorité a son droit, les citoyens le leur; entr'eux et elle se trouve la loi, la loi immuable qui commande à tous ce que chacun doit reconnaître. Nul ne peut, ne doit l'enfreindre; le pouvoir, pas plus que le simple citoyen; elle est la parole, la volonté, la règle universelle. Quoi donc! notre vie serait-elle chose si méprisable qu'elle fût abandonnée aux caprices d'un gendarme! le sang des peuples serait-il toujours prêt à ruisseler et l'autorité pourrait-elle à son gré faire tonner dans nos rues le canon et sa mitraille. Qu'une pareille doctrine soit prêchée en Asie et sous le glaive du sultan, je le conçois; l'esclave ne doit jamais se plaindre, car il est esclave; pour lui point de garanties; sa personne, ses biens, ses droits, tout est dans la volonté, dans la propriété du maître, qui peut user et abuser; mais nous, grâce au ciel, nous n'en sommes pas à ce degré d'abaissement; nous avons reçu des institutions libres; les attributions de l'autorité sont fixées, et nobles organes des lois, des magistrats sont créés pour la juger lorsqu'elle les dépasse.

Le législateur a tout prévu. Si un peuple irrité s'agite et fermente; si la sédition éclate, qu'on entende les cris, qu'on voie les armes; si la menace, si l'incendie, si la mort volent de toutes parts; que l'autorité arrive et se présente, qu'elle vienne avec ses masses disciplinées. Et cependant qu'elle se garde d'abord d'employer les armes; même dans ces moments terribles où la loi est oubliée, elle veille encore, elle veille pour protéger ceux qui la méconnaissent. Avant tout, l'ordre de se dissiper doit être lu; trois fois les révoltés doivent être avertis de leur crime; trois fois ils doivent être prévenus de leurs dangers; s'ils résistent, vous que la loi a chargés de son glaive, mettez un bandeau sur vos yeux; obéissez, mais à regret; tout vous est permis, car l'État est en danger. Que la mort s'échappe donc de vos armes; détruisez la révolte; en vainqueurs, mais pleurant sur vos victimes, quand vous viendrez rendre compte au magistrat de vos tristes succès, vous recevrez de sa bouche le bill d'indemnité et des éloges.

Hors de là, hors de ces cas de tumulte et d'alarmes, la force publique n'a point de droit par elle-même sur la vie des citoyens; il faut que ce droit lui soit concédé par le juge, et qu'il s'agisse de l'exécution d'un arrêt. Pourquoi donc, au milieu de la paix, quand elle n'a le motif, ni l'excuse de l'urgence, serait-elle autorisée à recourir aux rigueurs de la guerre? si une contravention, un délit, un crime est commis, que la police le constate; qu'elle fasse plus; s'il y a flagrance et fait grave, qu'elle saisisse le coupable; mais ensuite elle doit le traduire devant le juge; là finissent tous ses droits, et elle attendra comme nous la décision judiciaire, avec respect et silence; autrement, voyez donc le danger! à en croire la police, quand elle donne un ordre, il faut l'exécuter, et si on n'obéit pas elle a le droit de faire un appel à ses baïonnettes. Ainsi d'elle-même et de son chef, elle prononce une peine contre tous ceux qui lui résistent, et cette peine, c'est la plus grave de toutes, c'est la mort. Mais à la loi seule appartient d'ériger les actions en délits et de déterminer les peines. Et si cette police, qui a tant de foi dans sa sagesse, s'était trompée sur le sens de la loi; si le fait qu'elle a condamné n'était pas même punissable; si du moins le législateur ne l'avait frappé que d'une peine légère; serait-il temps de recourir aux magistrats, quand le fossoyeur ouvrirait ses tombes!

La police réclame le droit de donner des ordres et de punir la résistance; elle usurpe donc les fonctions législatives, car ses ordres deviendront des lois : elle réclame le droit de commander l'application de la peine à ceux qu'elle juge coupables; elle usurpe donc les fonctions judiciaires, car au juge seul il appartient de dire qu'un crime a été commis et par qui il a été commis; enfin elle prétend avoir le droit de punir et de frapper à l'instant même; et de cette manière elle se donne à la fois le pouvoir de décréter, de juger et d'exécuter ses arrêts. Ne doit-on pas frémir devant des prétentions si inouies! à quoi serviront désormais nos formes constitutionnelles? pourquoi des chambres qui décrètent, un prince qui sanctionne et des tribunaux qui appliquent? laissons, laissons de côté ce mécanisme trop compliqué où nous croyons entrevoir des garanties. Nous avons la police; seule elle suffira à nos besoins et à nos vœux; nous savons en effet combien elle protége la liberté de nos pensées par sa censure et celle de nos actions par ses gendarmes.

Non, non, je le répète; nous n'en sommes pas venus à ce point, qu'un fonctionnaire inconnu nous commande et nous opprime, et que, nouveau visir, du fond de son palais, M. le directeur de la police, au lieu d'un cordon nous envoie des sabres. Hors le cas de rébellion armée, la force publique ne peut jamais sévir de son chef contre les citoyens; elle doit dresser des procès-verbaux, constater les délits et les crimes, même en cas de flagrance, saisir les coupables; mais ensuite elle doit attendre que la magistrature ait prononcé; seule, l'autorité judiciaire a le droit de dire quel est le délit, la peine et le coupable. Jusqu'à sa décision, il est interdit à la force publique de se servir de ses armes; il lui est interdit même d'en menacer; car l'abus de pouvoir et les menaces de mort sont un crime que la loi caractérise. Voilà les principes; qu'on s'en écarte, et il n'y a plus en France qu'une police et des esclaves.

Ces doctrines ainsi établies, rapprochons-nous des faits.

Le cortége s'avançait dans le recueillement et le silence. Point de cris, point de menaces, rien qui pût alarmer l'autorité la plus inquiète; un commissaire de police, un officier d'état major, deux ou trois compagnies de la gendarmerie départementale précédaient ou suivaient, sans élever aucune plainte; au contraire ils rendaient hommage à l'attitude religieuse, à la piété de cette foule immense.

Mais, dit-on, le char funéraire n'était pas traîné par des chevaux. Voyons quel est ce fait. Un délit, un crime? Non, la loi pénale n'en parle pas. Une contravention? Je le veux bien, je l'accorde; une contravention, non à un décret ou à une loi, pas même à une ordonnance de police, mais à un arrêté de l'an XI, à un arrêté du préfet de la Seine, à une simple mesure d'administration. Quelle est la peine que cet arrêté prononce? Aucune; et il ne pouvait en prononcer aucune en effet; car un préfet n'a pas le droit de créer des délits et de décréter des peines.

Et c'est pour un fait qui n'était pas même punissable, que l'autorité vient troubler la solennité des sépultures; qu'elle se met en face du peuple, arrête un cortége, déploie ses forces, et menace, si on ne lui obéit, de la puissance de ses sabres! Quoi, si on résiste, des milliers d'hommes périront pour un fait qui, devant les tribunaux, n'aurait pas entraîné trois francs d'amende. Et la peine de mort, cette peine dont nos lois et nos juges sont si avares, sera infligée à tout un peuple, sans loi, sans jugement préalable, sur le simple caprice d'un commandant de gendarmerie qui ne connaît ni les lois ni son devoir. Qu'on me dicte donc des termes modérés pour qualifier de pareilles prétentions; je n'en trouve point; et, dans ma pensée, je vais plus loin que M. Miguet dans sa brochure.

On dira, je le sais, que la force doit rester aux lois; qu'un ordre avait été donné, et que l'autorité veut être obéie, sous peine de tomber dans le mépris.

La force doit rester aux lois! C'est précisément ce que je soutiens; oui, je le répète et le répéterai toujours; il n'y a de salut pour tous que dans l'exécution des lois. Dites-moi donc celles qui avaient été violées, car je n'ai vu nulle part dans nos Codes qu'il faut considérer comme lois, vos volontés.

L'autorité doit être obéie, je le concède, et pour la seconde fois, je me trouverai d'accord avec vous; j'irai même plus loin, et ce n'est plus une simple concession que je vais vous faire; je m'empare de votre principe; il est le mien, je le déclare. L'autorité doit être obéie; mais quand elle agit selon les lois. Le dogme de l'obéissance passive n'est plus de nos jours; un ordre illégal n'oblige personne, pas même l'inférieur à qui il est adressé. Ce n'est pas la force qui donne le droit, mais la justice; et la force qui a trop souvent tort, tôt ou tard doit cesser d'être force, car elle appelle les résistances. L'autorité dont les ordres restent sans exécution perd de sa puissance morale, il est vrai; mais il ne faut pas confondre l'autorité avec le fonctionnaire. L'autorité vient de plus haut; elle tient au prince qui ne doit jamais figurer dans nos débats. Quant aux fonctionnaires, s'ils veulent conserver des droits à la considération publique, qu'ils cessent de donner des ordres illégaux; s'ils persistent, qu'ils soient remplacés. Leur destitution seule, dans un ordre constitutionnel, suffit pour éteindre les mécontentements.

Mais, dit-on, il existait un rassemblement immense. La police, chargée du maintien de la tranquillité publique, ne pouvait rester inactive; elle ne doit pas souffrir que le peuple se rassemble; car en se réunissant, il apprend à connaître sa force et sa puissance.

Je vois deux parties dans l'objection. La police, dit-on, ne pouvait rester inactive! Il est possible, je veux être large dans mes concessions; et je l'avoue, des précautions lui étaient permises. Toute la gendarmerie était sous les armes; je ne m'en plaindrai pas : toutes les troupes consignées dans leurs casernes; je rirai de ces craintes futiles, preuves d'inquiétudes et de faiblesses; mais je n'y verrai rien d'illégal, ni de coupable. L'illégalité a commencé quand pressant le cortége entre deux lignes de bataille, l'autorité s'est précipitée sur les citoyens, en leur criant, « Abandonnez ce char ou je vous sabre. »

La police, ajoute-t-on, ne doit pas souffrir que le peuple se rassemble. Où donc a-t-elle pris cette doctrine? Quelle loi l'autorise à dissiper des rassemblements paisibles? Quelle loi interdit au peuple de se réunir pour rendre un pieux et silencieux hommage à la mémoire de ses défenseurs? Les chefs de la police diront sans doute qu'ils ont agi comme hommes d'état. Des hommes d'etat qui, pour une misérable querelle, exposent la capitale à un massacre et les provinces à la guerre civile!

Je le dis avec une conviction profonde, la police a dépassé ses pouvoirs; elle a été coupable; elle a provoqué des citoyens paisibles, et s'il est une chose déplorable, c'est de voir des fonctionnaires supérieurs et les commandants de la gendarmerie aussi peu instruits de leurs devoirs; avant tout ils devraient connaître et respecter les droits des citoyens.

La police a été provocatrice; mais dans un acte illégal, sur qui doivent retomber le blâme et la peine? sur celui qui l'a provoqué induement, ou sur celui qui s'est défendu?

Dans tout délit, il faut examiner l'intention; dans celui de diffamation, comme dans tout autre. Un fait ne mérite par lui-même ni blâme ni éloge; l'intention seule le caractérise. Ainsi, par exemple, l'homicide, crime, s'il est l'œuvre de la perversité, excusable s'il est commis en défense légitime, devient un acte innocent ou même de vertu, quand la loi l'ordonne. Aussi le législateur punit-il moins le fait que la volonté de l'agent, et s'attache-t-il avec soin à relever les circonstances qui peuvent établir la préméditation. Si le délit a été le résultat d'une volonté réfléchie et criminelle, que le coupable paie sa dette envers la loi; car il a troublé méchamment la paix publique; et il est dangereux pour la société. Il est puni alors non-seulement en réparation du passé, mais dans la crainte de l'avenir et pour l'exemple des autres.

Les mêmes motifs de sévir ne se rencontrent pas, quand l'auteur du délit a été provoqué. Sans la provocation, le fait n'aurait pas eu lieu; le provocateur est donc le vrai coupable, et quant au provoqué, sa volonté n'est pas infectée, son existence n'est pas un danger pour l'ordre social. C'est lui qui a été troublé dans ses actions. A la vérité on aurait pu lui demander plus de sagesse; mais les hommes sont nés passionnés, et le pardon des injures, cette vertu sublime enseignée par la morale, n'est pas exigée par la loi.

Ne voyez pas, Messieurs, dans ces considérations, une doctrine purement spéculative; elle est plutôt d'application journalière. La provocation est d'une telle importance aux yeux du législateur qu'il s'en est spécialement occupé dans le Code pénal. Le chapitre des *crimes et délits excusables* est fondé, en effet, presque tout entier sur ce principe, que la provocation, soit physique, soit morale, excuse et affranchit des peines. Tous les jours ne voyons-nous pas devant vous, lorsqu'il s'agit de mauvais traitements ou d'injures, que vous cherchez le provocateur pour le punir, ou, s'il est plaignant, pour rejeter sa plainte.

Ces principes, vrais entre particuliers, le sont encore plus à l'égard des fonctionnaires. On pardonne des passions aux individus, on ne les pardonne point au pouvoir; car il représente la loi qui n'a point de passions. L'autorité est déléguée pour le maintien de la paix publique; ce n'est donc pas à elle de la troubler par des provocations. Elle remplit un mandat; elle doit donc apporter dans ses fonctions la prudence et la sagesse d'un mandataire, et sa responsabilité est d'autant plus grande que le mandat dont elle est chargée, lui donne pour elle-même les honneurs et la fortune. Aussi, d'après une loi précise, le fonctionnaire qui commet un délit, doit-il toujours être frappé du *maximum* des peines.

Ainsi, en résumé, dans les procès en diffamation contre le pouvoir, il faut distinguer deux cas. Si les offenses ont été gratuites, le juge doit se montrer sévère contre leur auteur; si elles ont été provoquées, si elles l'ont été surtout par un acte illégal dont l'écrivain a été victime, il doit se montrer sévère contre l'autorité. Et dès-lors, j'ai deux armes également puissantes pour repousser l'accusation actuelle. Je soutiens que les auteurs de la brochure inculpée n'ont pas dépassé les limites du droit constitutionnel de critique et de censure qui leur appartient comme à tous les citoyens; je soutiens en outre, que, lors même qu'ils l'auraient dépassé, ils seraient excusables, parce qu'ils ont été provoqués par les mesures illégales de la police, et que, si elle peut leur reprocher des paroles, ils peuvent, avec plus de raison, lui reprocher des actes.

Les principes ainsi établis, Mᵉ. Mauguin reprend, en peu de mots, chacun des chefs de la prévention. « Il s'explique de nouveau sur les expressions de *haine*, de *tracasserie odieuse*, de *susceptibilité misérable*, etc.; il termine cette partie de sa réplique par une remarque sur les dégradations dont le cimetière de l'Est a été le théâtre. « Sans doute, dit-il, il faut les déplorer, mais on ne saurait y voir un délit; elles s'expliquent par la présence de cent mille personnes dans le cimetière. C'était à l'autorité de prendre les mesures nécessaires pour les prévenir.

« On fait un reproche à la brochure, ajoute-t-il de contenir des plaintes contre l'administration en général. Faudra-t-il désormais faire l'éloge des ministres sous peine d'être traduit en police correctionnelle? Et depuis quand ne pourrait-on porter devant le public, par la voie de la presse, des plaintes qui sont soumises à la majesté royale elle-même par la voie des adresses. Dans celle que vient de présenter le tribunal de Saint-Quentin, nous trouvons ces passages: V. M. se ferait « illusion sur l'état de nos affaires en les jugeant d'a-« près l'apparence, dans ce moment d'allégresse « publique. A l'aspect des souverains qu'on aime, « tout prend un air de satisfaction et de fête; cette « activité qui règne encore dans nos ateliers, est « moins l'effet d'une prospérité croissante, que le « dernier effort d'une industrie épuisée.

« Nous ne devons pas le dissimuler, Sire, l'espoir

« de temps meilleurs, la crainte de perdre entièrement « des capitaux engagés, soutiennent seuls nos éta« blissements, plusieurs d'entre nous, après de nom« breux sacrifices, ont été forcés de congédier leurs « ouvriers : d'autres seront bientôt réduits à les imi« ter; et ce n'est pas sans douleurs et sans inquiétudes « que nous voyons, aux approches de l'hiver, s'aug« menter à chaque instant le nombre des familles mal« heureuses et privées de travail. »

Ainsi le commerce se plaint de la détresse publique; à qui peut-on l'attribuer, si ce n'est à l'administration ministérielle! certes, il n'en est pas de critique plus amère que cette adresse, et cependant le monarque l'a entendue!

La brochure reproche à l'administration d'être *partiale*. Et l'administration ose se plaindre! et elle aspire aux honneurs de l'impartialité! mais devant la Chambre elle a dit tout le contraire. Je ne voudrais que la cause même pour la convaincre d'avoir deux balances. Lorsqu'il s'est agi de troubler les funérailles du vertueux duc de Liancourt, de M. de Girardin et de M. Manuel, la police est allée chercher, dans un arrêté de l'an XI tout-à-fait inconnu, un art. 5 fort innocent du mal qu'on lui a fait faire. Mais depuis douze années à Paris et dans toute la France, de scandaleux débats se sont agités sur des cercueils; souvent l'église a refusé ses portes et ses prières aux restes mortels de ceux qui n'avaient pas invoqué sa dernière assistance. Pourquoi donc l'autorité si occupée de compulser les lois sur les sépultures, n'a-t-elle pas poussé ses recherches jusques aux décrets du 12 juin 1804 et du 18 mai 1806; elle y aurait trouvé cette disposition formelle. « Lorsque le ministre d'un culte, *sous quelque prétexte que ce soit, se permettra* de refuser son ministère pour l'inhumation d'un corps, l'autorité civile, *soit d'office, soit sur la réquisition de la famille, commettra* un autre ministre du même culte pour y remplir ses fonctions; dans tous les cas, l'autorité civile est chargée de faire porter, *présenter*, déposer et inhumer les corps. » Ces décrets sont encore obligatoires, ils sont lois de l'état, ils ont été rendus sous le régime de la liberté des cultes, et ils ont une autre force que le simple arrêté d'un préfet. Mais si la police était allée plus loin, elle aurait vu qu'ils ne contiennent rien que de conforme à notre ancienne jurisprudence; elle pouvait consulter nos arrêtistes; elle y aurait trouvé un arrêt du parlement de Paris, 1752, qui condamne un ministre du culte à 400 fr. d'amende pour avoir refusé son ministère, sur le motif que le défunt ne l'avait pas appelé à son lit de mort, et avait cessé de paraître à l'église depuis plus de 20 années (1).

M. Mauguin s'occupe ensuite de l'offense prétendue envers la chambre des députés; il revient en quelques mots sur les deux fins de non recevoir qu'il a présentées; l'une tirée de ce que la chambre du conseil n'a pas signalé ce chef de prévention; l'autre de ce qu'il faudrait avant tout l'autorisation de la chambre actuelle. « Au fond, dit-il, la Chambre de 1823 n'existe plus, et pourquoi a-t-elle été frappée de dissolution si ce n'est parce que les conseillers de la couronne ont blâmé ses actes; elle se présente donc à nous avec la réprobation de l'autorité même qui aujourd'hui veut la défendre. Les temps historiques sont venus pour elle; pour les hommes, l'histoire commence à leur mort, pour les corps politiques à leur dissolution; voudrait-on nous empêcher d'écrire sur les événements et les choses dont nous avons été témoins? un droit

(1) Voir le répertoire de Jurisprudence, *Voy. Sépulture.*

dont Tacite usait sous le pouvoir absolu des empereurs; nous serait-il interdit sous la Charte? il importe à l'intérêt de tous que l'histoire soit exactement recueillie; car elle est la première leçon des peuples et des rois; or, comment arriverait-elle à la postérité, si on l'interdisait aux contemporains?

Me Mauguin passe au discours de M. de Schonen incriminé comme contenant une provocation à la révolte. « Il ne consentira jamais à reconnaître un délit aussi grave dans les paroles d'un magistrat dont tout le barreau respecte l'impartialité et la justice, et qu'il s'honore en particulier de compter au nombre de ses amis les plus chers. Vous parlez de révolte! Montrez-moi un peuple armé, s'élançant en fureur vers le palais des rois, et y portant la mort et l'incendie; je la reconnaîtrai à ces sanglants caractères. La provocation à la révolte est donc un appel aux armes. Mais dans le discours incriminé, où est-il dit un mot des armes, et parmi ceux qui l'ont entendu, qui a songé à en prendre? L'orateur n'a émis qu'un seul désir, celui de voir une autre chambre; il se plaint du sommeil des électeurs; il compte pour l'avenir sur leur fermeté, sur leur vigilance; et les dernières élections prouvent que ses espérances ne seront pas trompées. Sans doute, dans chaque terme du discours, on peut voir une improbation éclatante de l'administration; mais dans un régime constitutionnel, l'administration est dévouée à nos censures, et si nous sommes forcés de lui obéir, nous avons du moins le droit de la critiquer. Ce mot *abaissement* sur lequel insiste l'accusation ne peut s'entendre que de l'*abaissement administratif*. L'orateur trouve humiliant pour nous de vivre sous nos ministres. Sous M. de Cazes, l'opposition de droite se faisait-elle faute de déclamations? Laissez-nous donc nous plaindre également de MM. de Villèle, Peyronnet et Corbière. Ces cris de l'opinion publique n'ont rien d'alarmant; ils tiennent au mécanisme constitutionnel. C'est ce mouvement des partis qui fait la vie de l'état; c'est de ce concours, de ce choc d'opinions et de sentiments divers que doit sortir un jour la prospérité nationale. Gardez, gardez-vous d'étouffer ces symptômes de vitalité politique; l'état mourrait, ou plutôt nous retournerions au régime de nos pères, à ce régime qui a enfanté la révolution et ses écarts.

Me Mauguin termine par quelques mots sur la position de son client. « M. Laffitte et M. Manuel jeune se sont déclarés avec lui les auteurs de la brochure; mais le ministère public ne veut pas s'en rapporter à leur déclaration. A l'entendre, ils ont tort; ils ne savent plus ce qu'ils ont fait, et l'accusation, qui n'y était pas, le sait beaucoup mieux. Malgré ces ménagements, elle inculpe cependant le discours de M. Laffitte, et celui de M. le général La Fayette qu'elle n'ose pas non plus mettre en cause. Je conçois l'embarras de M. l'avocat du Roi, et je rends justice à son caractère; il n'est pas habitué à distinguer ainsi entre les coupables. Mais de sa conduite, je conclus malgré lui-même, qu'il trouve M. Mignet innocent. C'est la brochure qui est inculpée; le sort de ses auteurs doit donc être égal; et en déclarant qu'il ne pouvait ni ne voulait suivre contre MM. Laffitte et Manuel jeune, le ministère public a reconnu par-là même qu'il doit être déclaré non recevable contre M. Mignet.

Une considération domine la cause. Les amis de M. Manuel ont été troublés dans leur douleur. Au milieu du silence des funérailles, ils se sont vus cernés par la gendarmerie, menacés de ses armes, et des milliers de citoyens qui partageaient leur deuil ont été exposés à périr avec eux. A cette conduite inconcevable, ils ont répondu par de justes plaintes; elles peuvent être amères, mais il y a eu provocation, et le tribunal ne consentira jamais à leur en faire un crime.»

TRIBUNAL DE POLICE CORRECTIONNELLE.

PRÉSIDENCE DE M. HUART. — *Audience du 28 septembre* 1827.

Dès le matin, se retrouvait dans l'enceinte de la 7e chambre l'auditoire nombreux qui avait suivi avec tant d'assiduité et d'intérêt les longs débats du procès auquel a donné lieu la *Relation historique des obsèques de Manuel.* Tout le monde attendait avec une impatiente sollicitude le dénouement de cette cause importante qui était l'objet de toutes les pensées, de toutes les conversations avant l'audience. A onze heures, les membres du tribunal l'ont ouverte. M. l'avocat du Roi de La Palme, qui avait soutenu la prévention, n'occupait point le fauteuil du ministère public; il y était remplacé par M. Lussan d'Esparbés.

Au milieu d'un profond silence, *M. le président* donne lecture du jugement dont la teneur suit :

« Après voir entendu, aux audiences des 19 et 26 septembre du présent mois, les sieurs François-Auguste-Alexis Mignet en personne, et Mauguin son avocat; Auguste Sautelet et J.-B. Marcelin Gaultier-Laguionie aussi en personnes, et Renouard leur avocat; M. de Schonen, par Lelong son avoué en leurs moyens de défense, conclusions et plaidoiries respectives, ensemble M. de La Palme, substitut de M. le procureur du Roi en ses conclusions et réquisitions, et après en avoir délibéré en la chambre du conseil jugeant en séance publique et en premier ressort.

« Vu la brochure en 30 pages intitulée : *Relation historique des obsèques de M. Manuel, ancien député de la Vendée*, et terminée par ces mots : *Aide-toi, Dieu t'aidera*, imprimée à Paris par Gaultier-Laguionie, ensemble toutes les pièces de l'instruction et les différentes lettres de MM. Laffitte, Manuel jeune et La Fayette;

« En ce qui touche la rédaction à laquelle le sieur Mignet convient avoir participé avec MM. Laffitte et Manuel jeune qui le reconnaissent, et les deux chefs de prévention déterminés par l'ordonnance du 5 septembre présent mois :

« Attendu qu'après avoir littéralement répété à la page 26 quelques fragments du discours improvisé sur la tombe du sieur Manuel par M. de Schonen, et avoir imprimé comme celui-ci l'avait proféré, que « les nations comme les individus ont malheureuse-« ment leurs moments de faiblesse et d'abandon, mais « qu'elles se réveillent », et en ajoutant : « Nous en « attestons tes mânes généreuses » ce n'est point s'être rendu coupable de provocation à la rébellion dans le sens des art. 1 et 3 de la loi du 17 mai 1819 : c'est une manière oratoire d'exprimer le regret éprouvé par les amis du feu sieur Manuel relativement à son expulsion de la chambre des députés; c'est avoir manifesté le vœu d'obtenir désormais de meilleurs choix, d'après leur opinion, lors des prochaines élections, ce qui est assez justifié par la phrase qui précède : « Con-« fessons-le sur ta tombe : la France entière eût dû pro-« tester contre cet outrage par d'*unanimes réélections*. »

» Quant au passage de la page 10 : « Cette gen-« darmerie étant composée de brigades du départe-« ment, qui n'étaient point accoutumées comme la « gendarmerie de Paris à charger dans les rues contre « des citoyens désarmés, paraissait animée de dispo-

« sitions pacifiques », on ne peut y voir le fait de l'intention de diffamer et injurier le corps spécial de la gendarmerie de Paris; c'est seulement avoir indiqué le genre de service habituel des deux corps; avoir rappelé, ce qui est vrai, que la gendarmerie de Paris est obligée par fois et plus souvent que l'autre, de charger contre des citoyens désarmés dans les rues, bien entendu quand les circonstances l'exigent, et quand elle en a reçu l'ordre: ce n'est point une injure, c'est seulement une remarque des auteurs de la Relation, pour faire connaître qu'il y avait différence d'attitude de la part de chacun des deux corps qui surveillaient le convoi du sieur Manuel;

« A l'égard du passage de la page 15 relatif aux ordres donnés à la gendarmerie de Paris de forcer les parents du feu sieur Manuel à laisser conduire le char funèbre par des chevaux, conformément à un réglement de police, et d'empêcher les amis et partisans du mort de le traîner à bras: sans examiner la question de savoir si, dans ce cas, au lieu de déployer un grand appareil de force militaire, un simple procès-verbal de contravention n'eût pas suffi, pour faire punir par la voie judiciaire les auteurs et partisans de cette prétendue contravention, surtout si aucun désordre ne résultait de la manière dont le char cheminait;

« Attendu qu'avoir imprimé, page 13, que le corps de la gendarmerie en bataille sur la chaussée, venait de recevoir de la préfecture de police l'ordre de ne pas permettre que le char cheminât autrement qu'attelé de chevaux et avoir ajouté: « Il fallait que cette auto« rité misérablement susceptible et odieusement tra« cassière déployât l'appareil de la force au milieu des « funérailles, troublât de pieux devoirs et s'exposât « à répandre le sang des citoyens: » ce n'est point avoir injurié ni diffamé l'administration de la police, quoique les expressions *misérablement et odieusement* soient inconvenantes ; ni avoir encouru les peines déterminées par l'article 5 de la loi du 25 mars 1822, surtout si l'on considère ce qui venait de se passer, et que l'article 4 de la même loi maintient aux particuliers la faculté de discuter et censurer les actes des ministres, ce qui suffit pour en conclure que le passage incriminé n'est autre que la discussion et la censure d'un acte du ministre dont le préfet de police est le délégué.

« Attendu qu'il en est de même des passages des pages 15 et 20 où l'on dit d'une part : » Il y a une « coupable imprudence et de la lâcheté à donner, de « la préfecture de police, loin des lieux, des événe- « ments, et du danger, un ordre pareil (celui de « charger) ; et d'autre part : En entrant dans le cime- « tière on sembla avoir déposé les sentiments d'indi- « gnation et de mépris qu'avait soulevés l'intervention « tracassière du pouvoir armé.

« Attendu que les expressions peu mesurées signalées par l'ordonnance de prévention aux pages 4, 7, 9 et 24 de la brochure, comme ne contenant point l'excitation au mépris du gouvernement du roi, ni d'attaque contre son autorité, n'ayant point été de nouveau incriminées, il est inutile de s'en occuper ;

« A l'égard des passages des pages 11, 22 et 25, relatifs à l'expulsion du feu sieur Manuel de la chambre des députés, à raison desquels l'ordonnance du 5 de ce mois a déclaré n'y avoir lieu à suivre, quoique paraissant avoir le caractère du délit d'offense envers la chambre des députés ;

« Attendu que cette disposition de l'ordonnance ne s'appliquant qu'à la compétence, elle n'a pu empêcher le ministère public de renouveler son action, ni dispenser le tribunal d'en apprécier le mérite ;

« Attendu à cet égard que l'art. 2 de la loi du 26 mai 1819 et l'art. 5 de celle du 25 mars 1822 disposent formellement sans aucune exception ni distinction, que dans le cas d'offense envers les chambres ou l'une d'elles, *par voie de publication*, la poursuite n'aura lieu qu'autant que la chambre qui se croira offensée l'aura autorisée, ce qui n'ayant pas eu lieu dans l'espèce, il s'ensuit que le chef du réquisitoire du ministère public, relatif à ces trois passages de la Relation incriminée, est inadmissible, comme l'a décidé la chambre du conseil, peu important que le fait qui donne lieu aux expressions incriminées soit l'œuvre de la chambre des députés dissoute en 1823, car sous ce point de vue l'offense qui ne peut s'adresser individuellement à qui que ce soit, n'intéresserait qu'une chambre n'existant plus et dont les faits, appartenant à l'histoire, peuvent être jugés, discutés et censurés avec sécurité ;

« Attendu que si, ce qui vient d'être établi, la publication de la Relation imprimée dont il s'agit n'est point répréhensible quant aux sieurs Mignet, Sautelet et Gaultier-Laguionie, il est inutile d'examiner le mérite de l'intervention de M. de Schonen, ni celui des réclamations individuelles de MM. Laffitte, La Fayette et Manuel jeune.

« D'après ces considérations et par ces motifs, le tribunal, conformément à l'article 191 du Code d'instruction criminelle, annule la citation du 13 septembre présent mois, ensemble tout ce qui a précédé et suivi, et notamment la saisie des 28, 29 et 30 août précédent, dont il est fait main-levée ; en conséquence renvoie les sieurs Mignet, Sautelet et Gaultier-Laguionie de l'action contr'eux intentée, ordonne que les objets chez eux saisis leur seront rendus sur leur simple décharge; quant aux interventions, déclarations et conclusions de MM. de Schonen, Laffitte, La Fayette et Manuel jeune, met les parties hors de cause. »

Il n'a rien moins fallu que le respect dû à la présence des magistrats pour contenir l'expression des hommages publics. Une parfaite harmonie de sentiments existait cependant entre les citoyens qui faisaient entendre d'indiscrètes acclamations, et ceux dont la voix réclamait le silence; c'est par enthousiasme que les uns applaudissaient, c'est par vénération que les autres s'opposaient à ces manifestations de la reconnaissance publique; ceux-ci même, au sortir de l'audience, se sont crus dispensés d'une pénible réserve : sous le vestibule, les applaudissements étaient unanimes; on songeait beaucoup moins encore à féliciter les prévenus acquittés, qu'à célébrer avec eux la haute sagesse, l'indépendance et l'impartialité de leurs juges. Quand il y a de tels tribunaux dans un pays, quand la magistrature se trouve représentée par des hommes tels que MM. Huart, Michelin et Lamy, qui savent si bien comprendre l'importance et la dignité de leurs fonctions, on peut se confier dans son droit et compter sur la liberté par la justice.

PIÈCE ADDITIONNELLE.

LETTRE DE M. LE CONSEILLER DE SCHONEN

A M. LE PROCUREUR DU ROI.

Paris, 27 septembre 1827.

M. le Procureur du Roi,

Les journaux censurés, c'est-à-dire ayant un caractère presque officiel maintenant, viennent de m'apprendre que le discours que j'ai prononcé sur la tombe de M. Manuel avait été incriminé dans quelques-uns de ses passages vis-à-vis M. Mignet qui, dit-on, ainsi que MM. Manuel frère et Laffitte sont auteurs de la *Relation historique des obsèques*, poursuivie en ce moment à vôtre requête; M. Mignet que je viens de voir m'a confirmé la vérité du fait.

Dans de pareilles circonstances, j'ai un devoir impérieux, mais très-facile à remplir, c'est celui de dire à la justice, *j'avoue le discours; et les paroles qu'on accuse sont les miennes.*

J'espère qu'on n'imputera point à crime à un autre mes propres paroles, avant que de me les imputer ainsi à moi-même. Si elles sont justiciables des tribunaux, ce que je n'examine point, c'est sur moi qui les ai hautement et publiquement prononcées, qui les avoue non moins hautement, que doit en retomber toute la responsabilité.

Ceux qui les ont répétées et qui même les ont affaiblies par des suppressions qui me sont étrangères, n'ont fait que reproduire un fait qui m'est personnel. Seraient-ils mes complices? Je serais toujours l'auteur principal et encore auraient-ils toute la gravité de mon caractère pour se défendre.

Moi seul créateur de mes paroles, j'en connais le sens et la portée; je les rétablirai, les expliquerai, les prouverai; quel autre que moi pourrait le faire?

Je ne crains qu'une chose, c'est un combat livré à mon sujet et où je ne serais pas.

Dans un temps où les malheureux libraires sont poursuivis sous le prétexte que les auteurs sont souvent des pseudonymes ou des gens sans aveu, il serait bizarre de voir un citoyen connu mis en apparence de côté pour être ensuite frappé plus cruellement dans la personne d'autrui.

La justice n'agit point ainsi; elle ne choisit point parmi les coupables, et c'est pour cela qu'elle a un bandeau sur les yeux. Malheureusement il y a eu des précédents contraires; mais on doit le dire à votre honneur, vous les avez fait cesser en accueillant la dernière intervention de M. Kératry; ce m'est donc un sûr garant du succès de la mienne.

J'ai l'honneur d'être, etc.

Signé DE SCHONEN.

www.ingramcontent.com/pod-product-compliance
Lightning Source LLC
LaVergne TN
LVHW020406230826
846091LV00004B/1171
* 9 7 8 2 0 1 6 1 1 3 7 4 5 *